P. von Glehn

Flora der Umgebung Dorpats

P. von Glehn

Flora der Umgebung Dorpats

ISBN/EAN: 9783743381452

Hergestellt in Europa, USA, Kanada, Australien, Japan

Cover: Foto ©Andreas Hilbeck / pixelio.de

Manufactured and distributed by brebook publishing software (www.brebook.com)

P. von Glehn

Flora der Umgebung Dorpats

Flora

der

Umgebung Dorpats

von

Cand. **P. von Glehn.**

Aus dem Archiv für die Naturkunde Liv-, Ehst- und Kurlands, *zweiter* Serie, Bd. II. (pag. 489—574) besonders abgedruckt.

DORPAT, 1860.

Druck von Heinrich Laakmann.

Der Druck wird unter der Bedingung gestattet, dass, nach Beendigung desselben, der Abgetheilten Censur in Dorpat die vorschriftmässige Anzahl Exemplare zugestellt werde.

Dorpat, den 16. April 1860.

Abgetheilter Censor de la Croix.

(N. 43.)

Vorwort.

Obgleich es nicht an Botanikern gefehlt hat, welche die Umgegend Dorpats durchstreiften, um sich mit den hier vorkommenden Pflanzen bekannt zu machen, so ist doch von allen diesen Bemühungen nur wenig zur Oeffentlichkeit gelangt, und Alles, was wir in der Literatur darüber finden, beschränkt sich auf vereinzelte und häufig unzuverlässige Angaben seltener Pflanzen in Schriften, die über die Ostseeprovinzen im Allgemeinen oder unsere Nachbarfloren handeln. In verschiedenen Herbarien dagegen lag das Material zu einer ziemlich vollständigen Flor schon seit Jahren vor. Auf dieses sowohl, als auch auf eigene, besonders im Sommer 1856 gemachte Untersuchungen gestützt, stellten im Herbst 1857 die damaligen Studirenden Th. Bienert und ich, von einander unabhängig, eine vollständige Phanerogamenflor der Umgebungen Dorpats zusammen, wozu wir zunächst durch eine im vorhergehenden Jahre von der physiko-mathematischen Facultät der hiesigen Universität dahin bezügliche Preisfrage angeregt wurden. Die Erfüllung des von derselben Facultät bei der Preisvertheilung ausgesprochenen Wunsches, dass sich die Verfasser beider Arbeiten zu einer gemeinsamen vereinigen möchten.

unterblieb, als Bienert wenige Wochen darauf Herrn Prof. Staatsrath A. v. Bunge nach Chorassan begleitete, während ich die mir lieb gewordene Untersuchung im folgenden Sommer noch fortzusetzen beabsichtigte. In der Verfolgung dieses Planes wurde ich noch wesentlich durch Bienert unterstützt, indem er mir sein im Sommer 1857 gesammeltes Material zur Benutzung hinterliess, und, mit diesen weiteren Hülfsmitteln ausgerüstet, setzte ich meine Excursionen während der Sommer 1858 und 59 fort. Nach freundschaftlicher Uebereinkunft mit Bienert, lege ich nun hiermit, im Begriffe von Dorpat zu scheiden, die Resultate unserer gemeinsamen Bestrebungen zur Erforschung der Flora Dorpats den Freunden baltischer Pflanzenkunde vor.

Quellen.

Was die Literatur anbetrifft, so konnten die vereinzelten Angaben mit der meist sehr allgemeinen Bezeichnung „Dorpat" für vorliegende Arbeit, wo es sich um Pflanzen in einem scharf umgränzten Gebiet handelt, selbstverständlich nur von untergeordnetem Werthe sein, und dienten wohl mehr dazu, um auf manche seltene Pflanzen aufmerksam zu machen und zu eifrigem Nachforschen anzuregen. Die ältesten Arbeiten von Fischer, Friebe und Grindel enthalten nur wenige unzuverlässige Angaben. In dem Catalog des Dorpater botanischen Gartens vom Jahre 1807 von Prof. German, in welchem der Verfasser auch einzelner Pflanzen erwähnt, die er auf seinen Reisen durch die Ostseeprovinzen beobachtet, fanden sich manche interessante Angaben, doch wurden für Dorpat nur wenige Pflanzen genannt. In dem Catalog des bot. Gartens vom Jahre 1810 von Weinmann wurden durch gesperrte Schrift die Pflanzen hervorgehoben, welche der Verfasser auf seinen, besonders in der Umgegend Dorpats gemachten Excursionen fand. Indessen sind die Grenzen nicht nur weiter gezogen, als hier geschehen konnte, sondern auch Pflanzen sehr entfernter Gegenden nebst unzweifelhaften Gartenflüchtlingen ohne Unterschied mit aufgenommen. Näheres über diese Angaben — den Herrn Weber und Wiedemann bei der Abfassung ihres Werkes in Ermangelung anderer eine Hauptquelle für diesen Theil der Provinzen — im speciellen Theil. Die Pflanzen, welche in der Flora von Est-, Liv- und Kurland von Fleischer & Lindemann (1839) für Dorpat genannt worden, habe ich fast alle bestätigt gefunden. Nur wenige sind schon in der zweiten Auflage dieses Werkes von Prof. Bunge (1849), das auch einige selbstständige Angaben für Dorpat enthält, als unzweifelhafte Irrthümer gestrichen worden. In Ledebour's „Flora rossica" wird der Fundort „Dorpat" nur in seltenen Fällen erwähnt. Eine Menge interessanter Mittheilungen von Hrn. Apoth. Heugel in Riga, zum Theil gestützt auf Mittheilungen des Hrn. Provisor Niederlan, finden sich ferner in dem Correspondenzblatt des rigaschen Naturforschervereins. In dem Weber & Wiedemann'schen Werke, das keine selbstständigen Angaben enthält, wo aber die genannten Arbeiten alle berücksichtigt worden, fand ich ausserdem noch einige Weiden nach Trautvetter, dessen Werk ich nicht zu Gesicht bekam, für Dorpat angeführt. Endlich fanden sich noch einige gelegentliche Angaben in Ruprecht's Diatribae, in seiner „Flora ingrica," von der bis jetzt die Thalamifloren und Calycifloren gedruckt sind, und in Schmidt's Flora des silurischen Bodens von Estland, Nord-Livland und Oesel.

Wichtiger für vorliegende Zwecke waren die zahlreichen, in der Umgegend Dorpats gesammelten Herbarien, die ich hier vorfand. Zu erwähnen ist hier zuerst die „Flora exsiccata" von Est-, Liv- und Kurland von Bunge, die in ihren ersten Centurien eine Menge Pflanzen aus Dorpat enthält. Schätzenswerthe Beiträge zu einer Flora Dorpats fanden sich ferner in den Sammlungen des verstorbenen Cand. bot. Kierulff und der Hrn. Dr. Jäsche und Duhmberg, welche alle drei, in den Händen der hiesigen Naturforschergesellschaft befindlich, mir von dem Secretär derselben, Hrn. Dr. A. v. Schrenk, einer Durchsicht zu unterwerfen gestattet wurde; sodann in den Sammlungen des Hrn. Hofr. Girgensohn, des Hrn. A. Hehn, des Hrn. Lehrer Bruttan, Hrn. H. Kapp, des Hrn. Czekanowsky, der Hrn. Stud. Eduard Lehmann und Gruner. Alle die genannten Herren haben durch liberale Mittheilungen ihrer Sammlungen mich wesentlich in meinem Unternehmen unterstützt und, mich mit Freuden der vielfachen Excursionen erinnernd, die ich in Gesellschaft der Meisten dieser Herren gemacht, ist es mir eine angenehme Pflicht, ihnen hiermit meinen aufrichtigsten Dank zu sagen. Den Hrn. Gebrüdern Borszczow in St. Petersburg verdanke ich Mittheilungen dortiger Pflanzen, die mir als Belegstücke zu den in vielfacher Beziehung für uns wichtigen, die „Flora Petropolitana" betreffenden Schriften des Hrn. Akad. Ruprecht von grossem Interesse waren. Endlich sei es mir gestattet meinem geehrten Lehrer Prof. A. v. Bunge und meinem Freunde Mag. Fr. Schmidt, denen ich den grössten Theil der benutzten Werke verdanke, sowie auch meinem Freunde Th. Bienert für die Mittheilung seiner Arbeit, die unsere Flor mit einer Menge neu aufgefundener Pflanzen bereichert hat, meinen wärmsten Dank auszusprechen.

Einleitung.

I. Begrenzung und allgemeine Uebersicht des Florengebietes.

Ein Blick auf Rathlef's orographische Karte von Est-, Liv- und Kurland zeigt, wie die Becken des Wirzjerw und des Peipus durch zwei Parthien höher gelegenen Landes von einander getrennt sind, zwischen denen das Embachthal in der Mitte seines Verlaufes verengt, in WO-licher Hauptrichtung sich hinzieht. Die nördliche dieser Höhenparthien wird durch eine Menge paralleler Geröllrücken gebildet, die von der Grenze Estlands beginnend in einem breiten Strich, etwa zwischen Falkenau und Bartholomäi, durch schmale Niederungen und Seen von einander getrennt, in der Richtung von NW nach SO mit ihren letzten Ausläufern bis nahe zum Embach hinstreichen. Im Süden besteht diese Höhenparthie (das sogenannte Odenpäh-Plateau) aus einer unregelmässigen Anhäufung diluvialer Geröllmassen, die zum Theil eine ansehnliche Höhe von 6—700' über d. M. erreichen und sich nach Norden zu mit ihren letzten Ausläufern ebenfalls bis zum Embach erstrecken. Durch unwirthsame Sumpfflächen, welche den NO-Rand des Wirzjerw umsäumen, bahnt sich der Embach in drei grossen Bögen und mannigfaltigen kleinen Krümmungen, mühsam und häufig sein Bett wechselnd, in ONO-licher Hauptrichtung seinen Weg bis Kardla, stösst hier auf den Falkenauschen Geröllrücken und fliesst, in seiner Richtung in rechtem Winkel abgelenkt, in SO-licher Richtung in ziemlich geradem Lauf bis Haselau und Timmofer, um hier, abermals abgelenkt in ONO-licher Richtung seine Gewässer dem Peipus zuzuführen. Fast inmitten der Erstreckung von Kardla bis Haselau, dort, wo die beiderseitigen Höhen am nächsten zu ihm herantreten, liegt an seinen Ufern die Stadt Dorpat. Sein mittlerer Wasserstand über dem Meeresspiegel beträgt hier, nach Struve, 100′. Eine naturgemässe Begrenzung des hier zu betrachtenden Florengebietes bietet, wie zu erwarten, manche Schwierigkeiten, doch kommen uns die orographischen Verhältnisse desselben einigermassen zu Hülfe. Indem beide genannten Höhenparthien sich zum Embach zu abschleifen und abebenen, sind es wesentlich die weiten Flussthäler und vor Allem das des Embach, welche, tief in die diluvialen Gebilde und zum Theil die darunter liegenden devonischen Schichten einschneidend, die Reliefformen der Umgebung Dorpats bedingen. Die Thäler dieser Flüsse, durch eine reiche Sumpfvegetation ausgezeichnet, einerseits, so wie die schönen Wald- und Wiesenparthien, welche auf den Niederungen landeinwärts vom Embachthal mit Sümpfen abwechseln, andrerseits, charakterisiren vorherrschend die Flor Dorpats, während die nur sanft ansteigenden Höhen, zum grössten Theil ihrer natürlichen Vegetation durch bebaute Aecker beraubt, mit wenigen Ausnahmen durchaus in den Hintergrund treten. Erst wo diese Höhen, wie besonders im Süden, zu bedeutenderer Erhebung ansteigen, beginnt mit dem Auftreten einer Menge uns fehlender Pflanzen eine interessantere Hügelvegetation und somit können wir die Höhen von Terrafer (Uddern), Unipicht, Kamby und Kusthof im Süden wohl als eine naturgemässe Grenze betrachten. Dieses gilt, wenn auch schon allerdings in geringerem Masse, von den Erhebungen bei Sotaga und Fehtenhof und weiterhin, während nach Osten und Westen wir uns mit mehr oder weniger ganz willkührlich angenommenen Grenzlinien begnügen müssen. Ich nehme nun in Folgendem als Grenzen unseres Florengebietes an: im W: den Lauf des Ullilaschen Baches vom Kerimoischen See bis zu seiner Mündung in den Embach; im NW: den Lauf des Embach von dem letztgenannten Punkte bis Kardla; im N: den Lauf des Amme von seiner Mündung bei der Muggeschen Mühle (gegenüber Kardla) hinauf bis Lubja; im NO und O: eine Linie über Lubja, Wesnershof, Pilken, Lunia bis zum Wooremäggi (bei Päkste); im S: eine solche von dem genannten Berge über Reol, Nüggen, bis Kerimois, und werde zunächst versuchen eine kurze oro-hydrographische Uebersicht dieser Gegend zu geben, um dann, etwas specieller darauf eingehend, Einiges über die Vegetation anzuknüpfen.

Die letzten südlichen Ausläufer jener oben erwähnten von NW nach SO streichenden Höhenzüge werden nördlich von Dorpat von dem Amme-Fluss, der in einem grossen Bogen über Lubja, Wassula, Roiasild in westlicher Richtung fliessend bei der Muggeschen Mühle in den Embach mündet, unterbrochen, verlaufen noch eine Strecke lang als parallele Höhenzüge in gleicher Richtung mit dem Embach bis sie sich in der schwach welligen Ebene verlieren, die sich nordöstlich von Dorpat von Jama, Pöwato und Lunia bis Wesnershof und Pilken erstreckt, und theils mit Weide und Ackerland theils mit Sümpfen, Buschwiesen und freudigen Laubwäldern bedeckt ist. Hauptsächlich sind es drei Höhenzüge, durch welche der nordwestliche Theil unsers Gebietes charakterisirt wird und von denen der Kassakasche den höchsten Punkt erreichen möchte. Der nördlichste (ich nenne ihn im spec. Theil den Hawaschen) erstreckt sich als Fortsetzung der Höhe von Sotaga nördlich bis Wassula vorbei über Hawa bis Wesnershof und Pilken (Dorf), wo sich an seinem Fusse der Pilkensche Morast bis Sawikodda ausdehnt; der andre (der Kassakasche) streicht über die Gesinde Reino, Kassaka, Lomby bis etwas südlich von Mollatz, wo er sich ebenfalls in den Pilkenschen Morast hinabsenkt; der dritte endlich verläuft längs dem Embachthal von Marrama über Arro bis Dorpat, breitet sich hier etwas nach NO aus, erreicht zugleich seinen höchsten Punkt (Rathshof 240' über d. M.) und setzt sich dann weiter über Jama, Lochkwa, Pöwwato und Wannamois bis Lunia fort. Sein Abfall zu den Niederungen des Embach ist steil, besonders im nördlichen Theil, und ist bei Dorpat unter dem Namen des Jägerschen Berges bekannt. Hier treten an seinem Fusse jene sonst von Diluvium bedeckten devonischen Sand-, Kalk- und Thonschichten zu Tage, welche eine so reiche Ausbeute an Fischresten geliefert haben. Diese Geröllrücken sind zum grössten Theil bebaut, hin und wieder mit Hochwald bedeckt und bieten in ihrer Vegetation im Allgemeinen kaum etwas Eigenthümliches dar; interessanter in botanischer Hinsicht sind die Einsenkungen zwischen ihnen. Die nördlichste (im spec. Theil die Engafer-Niederung) beginnt mit einem schönen Walde, streicht zwischen den Dörfern Perna und Engafer hindurch, erhebt sich an der St. Petersburger Strasse, so dass die Höhenzüge hier mit einander verschmolzen erscheinen und senkt sich dann über Mollatz in den Pilkenschen Morast wieder hinab. Die andre ist bedeutend breiter und erstreckt sich zwischen dem Kassakaschen und dem das Thaluferdes Embachbildenden Höhenzuges von Roiasild über die Gesinde Posti, Andrese, Salla bei Soppako vorbei bis in den Pilkenschen Morast. Die Richtung dieser im nördlichen Theil mit schönen Laub- und Nadelwaldungen bedeckten Niederung wird durch zwei kleine Nebenflüsse der Amme und die Längsrichtung des Salla-Sees bezeichnet.

Auf der rechten Seite des Embach zieht sich nun ebenfalls in paralleler Richtung mit ihm und das Westufer seines Thales bildend von Kardla über Forbushof nach Dorpat ein Höhenzug hin, breitet sich hier nach SW über Novum bis Renningshof aus und indem er von Dorpat an sich etwas nach Westen wendet streicht er, an Höhe allmählig abnehmend, über die Güter Uellenorm und Ucht bis Reol. Hier wird er von der breiten Niederung des Kusthofschen Baches durchbrochen, der, durch ein ödes oder mit niedrigem Gestrüpp bewachsenes Sumpfland von S nach N fliessend, bei Ardla in einen See gleichen Namens sich ergiesst, um nach seinem Austritt aus demselben, als Walgma in unzähligen kleinen Krümmungen sich durch den schwammigen Moorboden einen Weg zum Embach zu bahnen, in den er sich gegenüber Ihaste ergiesst. Nach Westen von oben genanntem Höhenzuge, welcher bei Dorpat auf dem Dom eine Höhe von 210′, bei Novem von 232′ erreicht und steil zum Embachthal abfällt, finden wir wieder Niederungen, die fast ununterbrochen von Wäldern bedeckt sind. Dahin gehören die schönen Waldparthien zwischen Ilmazal, Forbushof und Kardla mit dem Techelferschen Moosmorast; die Laubwälder zwischen Paio, Rahingo und Rennaküla, die Laubwälder von Ruhenthal; und endlich die Laubwaldparthien zwischen der werroschen und rigischen Strasse, die sich als Fortsetzung der Ruhenthalschen, mitunter von Sümpfen und Buschwiesen unterbrochen, bis westlich von Ucht erstrecken. Ein Nebenfluss des Embach der kleine Pichwa (Ilmazalsche) Bach, über Hakhof, Rahingo und Ilmazal in NW-licher Richtung seinen Lauf nehmend, durchfliesst mit seinen Nebenflüssen diese Einsenkung. Jenseits dieses Baches im südlichen Theil unseres Gebietes steigt das Land wieder an und breitet sich zu einem weiten Plateau aus, das nach NW steil in die rechte Niederung des Embach hinabfällt, die sich hier etwa 6 Werst von seinem Ufer landeinwärts bis Ilmazal, Rebhu und Kerimois erstreckt und den Namen Laugo-Soo führt. Im Westen und Süden ist es durch tiefe Einschnitte von den angrenzenden Höhenpartbien getrennt, im Westen von den Cawelechtschen durch das sumpfige Thal des Elwaflusses, der in N-licher Richtung über Kerimois und Ullila dem Embach zufliesst; im Süden von den Kambischen durch die Thäler zweier kleinen Flüsse, die, von der Lugdenschen Höhe entspringend, nach entgegengesetzten Richtungen abfliessen. Der eine von ihnen fliesst nach Westen bei Lugden vorbei und mündet bei Terrafer in die Elwa, der andere, über Unipicht und Tattra nach Osten seinen Lauf nehmend, bei Reol in den Kusthofschen Bach. Der südliche Theil dieses Plateaus (namentlich sein steiler Abfall zu den genannten Flossthälern) muss aus unserem Florengebiet ausgeschlossen werden.

Wenden wir uns von hier nach Osten, so finden wir jenseit des Reolschen (Kusthofschen) Baches, wo die Dörfer Ardla, Longemois und Tarraste die Grenze seines Thales bezeichnen, wieder ein Plateau, das als unmittelbare Fortsetzung und nördliche Abflachung der über Kusthof von S nach N sich erstreckenden Höhen zu betrachten ist. Nach Norden senkt es sich mit einem sehr allmäligen Gefälle zum Embach und geht fast unmerklich in die Niederung desselben über. Süd-Süd-Oestlich vom Dorfe Päkste erhebt sich aus dieser Ebene eine mächtige Geröllmasse, der Wooremäggi, der, an seiner Spitze mit Hochwald von *Pinus sylvestris* bewachsen, weithin die umliegende Gegend überragt. Im Süden, Osten und Norden wird er an seinem Fusse von dem oberen Merraflusse umsäumt, der in einem Bogen über Kerrafer und Unnipicht bis Päkste fliessend, sich von hier in NW-licher Richtung über Merraküla und Haselau zum Embach wendet. Die Ufer seines schmalen Flussthales zeigen bei Päkste ein Profil devonischer Schichten, die, weiter unterhalb von Grusablagerungen überdeckt, sich allmälig abflachen bis der Fluss zwischen Merraküla und Haselau in die Embach-Niederungen eintritt.

II. Specielle Beschreibung der Niederungen des Embachs und seiner Nebenflüsse.

Von der Mündung des Ullilaschen Baches, wo der Embach zuerst unser Gebiet berührt, nimmt er eine NO-liche Richtung und bildet hier die NW-Grenze desselben. Bei Kardla biegt er in rechtem Winkel um und fliesst in SO-licher Richtung bis Timmofer und Haselau, um sich von hier in ONO-licher Richtung nach Lunia zu wenden, wo er unser Gebiet wieder verlässt, um mit Beibehaltung dieser Richtung dem Peipus zuzuströmen. Die Erdschichten, welche den Boden der Embachniederungen bilden, sind zum Theil sehr alter Entstehung, wie die Torflager von bedeutender Mächtigkeit in der Nähe von Dorpat (Quistenthal, Ropkoy) hinlänglich beweisen, zum Theil gehört ihre Bildung einer jüngeren Zeit an. Süsswasserablagerungen sind mehrfach beobachtet und G. v. Sievers[1]) erwähnt mehrer interessanter dahin bezüglichen Thatsachen, die er am Embachufer beobachtete. Ich kann hier noch einige andere hinzufügen. Bei Ropkoy und Techelfer

---

1) Archiv für Naturkunde Liv-, Ehst- und Kurlands, herausgegeben von der Dorpater Naturforschergesellschaft, Ser. I, Band I, pag. 864.

beobachtete Bienert in frisch gestochenen Gräben unter einer Torfschicht eine Ablagerung eines graulichen Kalkmergels. Grosse Stücke eines solchen Mergels, ganz wie ihn Sievers von Kardla her beschreibt, fand ich bei Quistenthal am Rande der Torfgruben unter dem daselbst kürzlich gestochenen und zum Trocknen aufgeschichteten Torf liegen. Er enthielt vermoderte Pflanzenreste von torfähnlichem Gefüge, und eine Menge Süsswasserconchilien, deren Bestimmung Hr. Dr. A. v. Schrenk gefälligst übernahm. Anstehend konnte ich ihn nicht auffinden, es hinderte das Wasser, welches mehrere Fuss tief die Grube erfüllte, die Beobachtung in der Tiefe. Als eine unmittelbare Fortsetzung jener unübersehbaren Sümpfe, welche den obern Lauf des Embach nach sein;m Austritt aus dem Wirzjerw begleiten, und in welche sich die Cawelecht-Ullilaschen Höhenparthien halbinselförmig hinein erstrecken, breitet sich zwischen diesen, den Höhen von Ilmazal und Rehhu und dem untern Lauf des Ilmazalschen Baches, am Embach ein gewaltiger Morast aus, welcher als Laugo-Soo bekannt, einen Flächenraum von etwa 30 ☐Werst einnehmen mag. Sein Gefälle zum Embach ist so gering, dass die Versuche ihn zu entwässern bis jetzt gescheitert sind. Am Rande ist er mit einem dichten Gebüsch von *Betula pubescens* und *fruticosa*, *Salix nigricans* und *cineria* bedeckt, die häufig mit hohen *Phragmites*-Stauden untermischt, ein undurchdringliches Dickicht bilden. Streckenweise geht er in einen Moosmorast über und ist dann mit krüppeligen *Pinus sylvestris*-Stämmen, *Ledum*- und *Cassandra*-Sträuchern nebst *Rubus Chamaemorus* bewachsen. Zur Mitte zu schwindet das Gebüsch und macht einer einförmigen Fläche Platz, die mit einem Heer von Cyperaceen bewachsen ist. *Carex limosa, chordorrhiza, vulgaris, filiformis, Oederi, stricta,*

Eriophorum gracile, vaginatum, angustifolium, Calamagrostis stricta, Saxifraga Hirculus, Stellaria crassifolia hin und wieder *Orchis incarnata* und *Epipactis palustris* sind hervortretende Pflanzen. Mitten durch diesen Morast führt in gerader Richtung von Ilmazal bis Ullila der Winterweg nach Fellin, der sich gewissermassen durch eine eigenthümliche Vegetation auszeichnet. So finden wir hier ausser den gewöhnlichen Sumpfcyperaceen: *Ranunculus sceleratus, Drosera rotundifolia* und *longifolia, Saxifraga Hirculus, Lysimachia thyrsiflora, Stellaria crassifolia, Scheuchzeria palustris, Juncus lamprocarpus* und *stygius* und in grosser Menge *Cicuta tenuifolia.* Die Ufer des Embach, der sich auf dieser Strecke in vielfachen Krümmungen windet, sind seicht und mit Schilf und Binsen bewachsen. Ueberschreitet man, dem Lauf des Embach folgend, den Ilmazalschen Bach, so nimmt die Niederung einen weniger öden Charakter an, indem beiderseits Wald näher an den Fluss heran tritt (bis auf $1/2 - 1$ Werst). Zugleich nimmt der Fluss einen geraderen Lauf an und die Ufer erheben sich allmälig zu dem später so charakteristischen Uferwall. Weiterhin wird er von einem Geröllrücken begleitet, der sich bis Kardla hinzieht und auf welchem das Dorf Prosta liegt.

Auf der Strecke von Kardla bis Dorpat ist das Embachthal im Ganzen verhältnissmässig schmal, etwa 2 Werst im Durchschnitt breit, verengt sich bei der Stadt bis auf kaum eine Werst, um sich gleich unterhalb derselben zu ausgedehnten Morästen auszubreiten, sowohl weil die Ufer hier weiter auseinander treten, als auch weil sich an dem Lauf der Nebenflüsse weite Niederungen in dasselbe hinein erstrecken. Durchgängig durch unser ganzes Florengebiet von Kardla an, zieht sich zu beiden Seiten des Flusses ein schmaler

Ufersaum hin, der sich etwa 5—8' über den mittlern Wasserstand erhebt, steil zum Embach abfällt, und im Niveau meist etwas höher liegt, als die sich zu beiden Seiten erstreckenden Ebenen. Auf diesem „Uferwall" sind einige Pflanzen bemerkenswerth. An freien Stellen finden wir eine Menge Gräser, unter denen namentlich häufig und in überwiegender Menge und ausgezeichneter Form *Poa fertiles* hervortritt. Von Dicotyledonen ist charakteristisch: *Inula Britanica* (auch an dem steilen Abfall zum Embach), *Ptarmica cartilaginea* (in Gebüschen) und *Salix amygdalina*, auch *Symphytum officinale* findet sich häufig in Gebüschen. An seinem steilen Abfall zum Embach und in der Nähe des Wassers wachsen *Lysimachia nummularia*, *Ranunculus Flammula* und *reptans*, *Juncus compressus* und *lamprocarpus*, *Heleocharis acicularis*, *Rumex maritimus*, *Inula Britanica*, *Ranunculus succulentus* und *Limosella aquatica*. Unmittelbar am und im Wasser begleiten eine Menge zum Theil sehr charakteristischer Pflanzen den Lauf des Flusses. Dieselben Pflanzen finden sich meist an seinen Nebenflüssen wieder, und wo Gräben in ihn münden, ziehen sie sich zum Theil auch in diese hinein. Dahin gehören: *Oenanthe Phellandrium*, *Cicuta virosa*, *Sium latifolium*, *Butomus umbellatus*, *Sagittaria sagittaefolia*, *Nasturtium amphibium*, *Scirpus lacustris*, *Phragmites communis*, *Festuca borealis*, *Glyceria spectabilis*, *Carex acuta* und *stricta*, *Acorus Calamus*, *Iris Pseud-Acorus*, *Potamogeton lucens*, *natans*, *perfoliatus* und *pusillus*; mehr zur Mitte im tieferen Wasser *Ranunculus circinatus*, *Potamogeton pectinatus* und in grosser Menge *Nuphar luteum*.

Die landeinwärts nach rechts und links sich erstreckenden Ebenen sind von Kardla bis Dorpat im Allgemeinen einförmiger als unterhalb der Stadt und bieten zum Theil ausgedehnte Sumpfwiesen, die halbwegs im Sommer austrocknen und hauptsächlich von *Carex vulgaris, Oederi, ampullacea, teretiuscula, Eriophorum angustifolium* und *latifolium, Calamagrostis stricta, Pedicularis palustris, Comarum palustre, Galium uliginosum* und *palustre, Parnassia* und *Caltha palustris, Stellaria graminea* bewachsen, den Charakter grosser Einförmigkeit tragen. Zum Theil sind weite Strecken mit dichtem Gebüsch von *Salix nigricans, cinerea, pentandra, Betula pubescens, Alnus incana* bedeckt, in deren Schatten unter andern: *Peucedanum palustre, Valeriana officinalis, Selinum Carvifolia, Spiraea Ulmaria, Thalictrum angustifolium* und *flavum, Geranium sylvaticum* und *palustre, Comarum palustre, Lythrum Salicaria, Lysimachia vulgaris, Lathyrus palustris* und *pratensis, Angelica sylvestris, Veronica longifolia, Solanum dulcamara*, an lichteren Stellen *Thalictrum aquilegifolium* und *angustifolium, Crepis succisaefolia, paludosa* und *praemorsa*, vegetiren. Mitunter finden sich dann auch freundliche Wiesengründe, auf denen etwa folgende Pflanzen wachsen: *Poa pratensis, trivialis, Anthoxanthum odoratum, Dactylis glomerata, Hierochloa odorata, Trollius europaeus, Geum rivale, Campanula patula, Cardamine pratensis, Ranunculus auricomus, Lychnis Flos Cuculi, Viola canina, Primula farinosa* und *officinalis, Melampyrum pratense* und *nemorosum, Potentilla Tormentilla, Alchemilla vulgaris, Hieracium pratense, Crepis succisaefolia, Polygonum Bistorta, Prunella vulgaris, Veronica Chamaedrys, Carex capillaris* und *pallescens* und mehrere Andere. Nur auf kurze Strecken bedeckt Hochwald die Niederung, wie das kleine Nadelwäldchen unter Forbushof.

Auf der Embachwiese zwischen Techelfer und der Stadt

verdient Einiges besonders hervorgehoben zu werden. So wachsen hier auf Wiesen: *Barbarea arcuata* und *stricta*, *Swertia perennis, Pedicularis Sceptrum, Epipactis palustris, Pinguicula vulgaris* und *alpina, Viola stagnina, Carex Hornschuchiana* und *intermedia, Chaetospora ferruginea, Festuca arundinacea;* an den Gräben finden wir: *Malachium aquaticum, Epilobium roseum, hirsutum, Rumex palustris* und *Hydrolapathum, Carex acuta* und *stricta, Juncus fuscoater, Mentha arvensis* und *aquatica.* Ebenso gewährt die torfhaltige Wiese zwischen Quistenthal und der Stadt, vorherrschend mit *Betula fruticosa* bewachsen, manches Eigenthümliche; wir finden hier: *Pinguicula vulgaris, Swertia perennis, Saxifraga Hirculus, Orchis militaris;* an Torfgruben: *Typha latifolia, Rumex aquaticus, Ptarmica vulgaris;* auf überschwemmten sumpfigen Stellen: *Hydrocharis Morsus ranae, Utricularia intermedia* und *minor, Sparganium natans, Lysimachia thyrsiflora, Scirpus pauciflorus;* in einem Teiche bei Quistenthal *Stratiotes aloides.* Bei der Beschreibung des Theiles der Embach-Niederung unterhalb Dorpat kann ich nicht umhin, einzelne Punkte besonders hervor zu heben, da die Bodenbeschaffenheit sowohl, als die Vegetation hier weit mannigfaltiger ist und sich schwer ein allgemeines Bild geben lässt. Es müssen hier nämlich neben den Niederungen auch einzelne Höhenparthien in Betracht kommen, die sich gleichsam inselartig aus ihnen erheben und durch einige ausgezeichnete Pflanzen ein besonderes Interesse verdienen. Im Allgemeinen lässt sich hier noch sagen, dass sich die Holzvegetation mehr zu den Thalufern zurückzieht, während sich längs dem Flusse ein mehr oder minder breiter Strich einer baum- und strauchlosen Ebene hinzieht, die wenig Eigenthümliches bietet.

Von der Höhe von Annenhof, wo sich der Boden ganz

allmälig zum Embach senkt, zieht sich ein kleines Wäldchen von Ellern, Pappeln, Nusssträuchern, vereinzelten Eschen und Faulbäumen in das Embachthal hinab. Dieses Wäldchen, das als ein Typus unserer Laubwälder gelten kann, mit den sich nach Westen und Süden anschliessenden Gebüschen, zeichnet sich durch eine grosse Mannigfaltigkeit aus und gehört zu den interessantesten Punkten unserer Flor. Auf dem quelligen, dicht beschatteten Boden im Wäldchen finden wir folgende Pflanzen: *Asarum europaeum, Pulmonaria officinalis, Anemone Hepatica, nemorosa, ranunculoides, Luzula pilosa,* und *multiflora, Chrysosplenium alternifolium, Gagea lutea, Galeobdolon luteum, Mercurialis perennis, Ranunculus cassubicus, Viola sylvestris* und *mirabilis, Geum urbanum, Lathraea Squamaria, Neottia Nidus avis, Pimpinella magna, Chaerophyllum aromaticum, Humulus Lupulus, Agrimonia pilosa, Stellaria nemorum, Campanula latifolia* und *Trachelium, Convallaria multiflora, Impatiens Noli tangere, Moehringia trinervia, Carex elongata, canescens, Drymeja, digitata, ornithopoda, Agropyrum caninum, Festuca gigantea, Poa trivialis* und *fertilis,* in den Gebüschen nach Jama zu: *Brachypodium sylvaticum* und *pinnatum, Cynosurus cristatus* und *Lysimachia Numularia.* Nach SW geht dieses Wäldchen in ein niederes Gebüsch über, das hauptsächlich aus Weiden und Birken, untermischt mit *Rhamnus Frangula, cathartica, Rosa cinnamomea* und *Prunus Padus,* gebildet wird, und sich durch folgende Pflanzen auszeichnet: *Ostericum palustre, Centaurea austriaca* und *Jacea, Laserpitium prutenicum, Valeriana officinalis, Anthriscus sylvestris, Serratula tinctoria, Crepis succisaefolia, Epipactis palustris, Orchis incarnata, Herminium Monorchis, Selinum Carvifolia, Angelica sylvestris, Peucedanum palustre, Thalictrum aquilegifolium* und *angustifolium, Convolvulus sepium, Dianthus superbus, Ligularia sibirica, Swertia perennis;* auf

Weideland: *Triodia decumbens, Carex vitilis* und *pulicaris, Luzula campestris* und *Potentilla alpestris;* auf Wegegeleisen eines Waldweges: *Cyperus fuscus*. Hieran reiht sich zum Embach zu eine baumlose Wiese, auf der in grosser Menge *Polygonum Bistorta* vorkommt. Nach Süden von Annenhof schliesst sich an obengenanntes Wäldchen eine zum Theil mit Gebüsch bewachsene Sumpfwiese an, auf der *Ligularia sibirica* und *Swertia perennis* zu erwähnen sind, und die allmälig in ein schönes Birkenwäldchen übergeht, das sich zwischen zwei Höhenzügen, in der Richtung nach Timmofer zu, hinzieht. Die in dem niederen Gebüsch bei Annenhof erwähnten Pflanzen finden sich hier zumeist wieder, nur dass noch: *Gladiolus imbricatus* (bes. am Rande nach Annenhof zu), *Senecio paludosus, Polemonium caeruleum* und in grosser Menge *Iris sibirica* hinzukommen. Auf dem morastigen Abfall des Embachthalufers zwischen Annenhof und Lochkwa sind *Carex fulva* und *microstachya* zu erwähnen. Südwestlich von Annenhof, etwa in der Mitte einer Linie von Lochkwa bis zum nächsten Punkt des Embach, erhebt sich nun der eine dieser letztgenannten Höhenzüge mitten aus der Niederung, und streicht, mit einer Höhe von etwa 10′ über dem allgemeinen Niveau derselben, in der Erstreckung einer Werst oder etwas mehr, in gerader Richtung von NNW—SSO mit steil geneigten Seiten, als ein schmaler, aus grobem Sande und Kalkgeröll bestehender Wall bis nahe zu Ihaste, und ist durch seine Vegetation, die einigermassen an die Kalkwiesen Ehstlands erinnert, für die Flor Dorpats von grossem Interesse. *Lychnis Viscaria, Silene nutans, Helianthemum vulgare, Trifolium montanum, Ranunculus polyanthemus, Galium verum, Agrimonia Eupatorium, Gentiana Amarella, Polygala comosa, Peucedanum Oreoselinum, Asperula tinctoria* und endlich *Geranium sanguineum* sind hier die bemerkenswerthesten Pflanzen. An seinem westlichen Abfall ist er zum Theil mit Gebüsch bewachsen, welches folgende Pflanzen beherbergt: *Thalictrum simplex* und *flavum*, *Achillea cartilaginea* und *Ptarmica*, *Gladiolus imbricatus*, *Dianthus superbus*, *Libanotis montana*, *Betonica officinalis*, *Senecio paludosus*. Oestlich von dieser Erhebung und durch obengenanntes Birkenwäldchen, nach Timmofer zu durch eine Sumpfwiese, von ihr getrennt, etwa eine Werst südlich von Lochkwa, erstreckt sich ein anderer aus Sand bestehender, etwa 2 Werst langer und etwa 1½ Werst breiter Hügel, von der Höhe dieses Dorfes durch eine tiefe Einsenkung getrennt, in der Richtung von N nach S bis nahe Timmofer hin, dessen Haidenvegetation bemerkenswerth ist.

Neben den gewöhnlichen Haidepflanzen, wie *Calluna vulgaris*, *Arctostaphylos officinalis*, *Calamintha Acinos*, *Thymus Serpyllum*, *Antennaria dioica*, *Herniaria glabra*, *Empetrum nigrum*, *Hieracium, Pilosella*, *Auricula* und *umbellatum*, *Hypericum perforatum*, *Pimpinella Saxifraga*, *Knautia arvensis*, *Solidago Virga aurea*, *Erigeron acer*, *Campanula rotundifolia*, *Centaurea Jacea*, *Carex praecox* und *ericetorum*, *Festuca ovina*, *Calamagrostis Epigeios*, *Trifolium montanum*, *Galium boreale* u. s. w. finden wir nun auch hier einige Seltenheiten, so: *Ranunculus polyanthemus*, *Silene nutans*, *Veronica spicata*, *Viola arenaria*, *Pulsatilla patens*, und in grosser Menge *Peucedanum Oreoselinum*. Auf Feldern, die ihn zum grössten Theil bedecken, findet sich von seltneren Sachen neben dem schwer auszurottenden *Peucedanum Oreoselinum* noch *Daucus Carota*. Endlich erhebt sich noch bei Kabbina, rings von Niederungen umgeben, ein flacher rundlicher Hügel, der an seinem sandigen Südrande, ganz nahe dem Embach, mit einem kleinen Tannenwäldchen (*Pinus sylvestris*) bewachsen ist, dass sich besonders durch das Vorkommen von *Gypsophila fastigiata, Dianthus superbus, Scleranthus annuus, Veronica spicata, Jasione montana, Ranunculus polyanthemus, Sedum vulgare* und *acre*, und in kleinen mit Moosen bewachsenen Vertiefungen *Mycrostylis monophylla*, auszeichnet; an Feldrändern im Gebüsch hieselbst finden wir: *Laserpitium prutenicum, Libanotis sibirica* und *montana, Senecio Jacobaea* und *Daucus Carota*. Von der Höhe von Lochkwa, Pöwwato und Wannamois im Norden sind diese letzt besprochenen Hügel durch sumpfige Wiesen getrennt, die sich mit einem sanften Gefälle allmälig zum Embach hinabsenken. Ueber ihre Vegetation habe ich im Allgemeinen nichts Besonderes zu bemerken. Auf den Buschwiesen zwischen Timmofer und Kabbina finden sich nebst anderen schon häufig erwähnten Pflanzen: *Senecio paludosus, Iris sibirica* und *Gladiolus imbricatus*; auf einer etwas trockenen Wiese *Melampyrum cristatum*, in dem Birkenwäldchen, wo die Wege von Timmofer und Kabbina nach Dorpat zusammenkommen auf engumgrenztem Moosmorastboden *Salix Lapponum, myrtilloides* und *Eriophorum alpinum*.

Auf der rechten Seite des Embach, unterhalb Dorpat, finden wir zuerst eine flache Wiese, die ausser *Myosotis caespitosa* nichts Erwähnenswerthes bietet, und stellenweise mit Ellerngestrüpp bewachsen ist. Unter andern gewöhnlichen Pflanzen sind hier hervorzuheben: *Festuca arundinacea, Cynosurus cristatus, Rubus caesius* und *Convolvulus sepium*. In den Gebüschen mehr zum Thalufer zu, beim Ropkoyschen Kruge, finden wir: *Agrimonia pilosa, Angelica sylvestris, Ostericum palustre, Campanula Trachelium, Epilobium roseum* und *hirsutum, Eupatorium cannabinum;* an freieren Stellen: *Swertia perennis, Herminium Monorchis, Epilobium parviflorum* und in alten bemoosten Torfgruben, zwischen dem Kruge und Bischofshof, aber sehr sparsam, *Microstylis monophylla*. In alten Torfgruben vor dem Kruge wachsen in grosser Menge: *Hydrocharis Morsus ranae*, *Myriophyllum verticillatum*, *Alisma Plantago*, ferner *Potamogeton trichoides*, *pusillus* (*major* und *vulgaris*) und *compressus*, *Stratiotes aloides*; am Rande derselben: *Rumex Hydrolapathum*, *maximus* und *aquaticus*. Weiter nach Süden breitet sich eine einförmige Wiese aus, die allmälig in das sumpfige Moorland übergeht, dessen Mittelpunkt der Ardla-See bildet.

Die Umgebung des Ardla-Sees ist ein schwammiger, in nassen Jahren kaum zugänglicher Morast, zum Theil strauchlos, zum Theil mit einem Gebüsch von *Betula fruticosa*, *Salix nigricans*, *cinerea* und *rosmarinifolia* bewachsen. Die niederen Pflanzen bestehen aus Moorcyperaceen wie: *Carex vulgaris*, *stricta*, *chordorrhiza*, *dioica*, *filiformis*, *teretiuscula*, *Eriophorum angustifolium* und *gracile*, zu denen sich nur wenige andere Pflanzen, als *Pedicularis palustris*, *Menyanthes trifoliata*, *Comarum palustre*, *Calla palustris*, *Triglochin palustre* hinzugesellen. Am Ufer wachsen *Rumex Hydrolapathum* und *aquaticus*; zwischen kleinen Hümpeln, die mehr und mehr in den See vorrücken, und nur durch eine trügerische Moosdecke verbunden sind, *Stratiotes aloides* und in Menge *Hydrocharis Morsus ranae*. Im Wasser und in der Nähe des Ufers wachsen *Nuphar luteum*, *Potamogeton natans* und hin und wieder in tiefen von hohen *Phragmites*-Stauden umsäumten Uferbuchten die seltne *Nymphaea alba*. Zur Mitte zu schwinden die Pflanzen, und nur hin und wieder sieht man aus der Tiefe dichte Büsche von *Myriophyllum spicatum*, sich an die Oberfläche des Wassers erheben. Der nördliche Theil dieses Sees wird von einem undurchdringlichen Dickicht von *Phragmites communis* und *Scirpus lacustris* untermischt mit *Glyceria spectabilis*, *Festuca borealis* und *Typha angustifolia*, eingenommen, und verschmälert sich allmälig in den Walgma-Fluss, der sich in einem Bogen und zahllosen kleinen Krümmungen zum Embach wendet, in den er sich gegenüber Ihaste ergiesst. Eine üppige Vegetation einer Menge von Wasserpflanzen charakterisirt den oberen Lauf dieses Flusses. *Nymphaea biradiata* und *Nuphar luteum*, auf weite Strecken mit ihren Blättern das Wasser ganz verdeckend, *Cicuta virosa, Oenanthe Phellandrium, Sium latifolium, Ranunculus circinatus, Potamogeton lucens* und *natans, Stratiotes aloides* bilden ein dichtes Gewirr, durch das man sich auf den kleinen Fischerbooten nur mühsam in dem seichten Wasser weiter bewegen kann. Weiter unterhalb wird der Fluss tiefer, die Ufer erheben sich mehr und sind von *Glyceria spectabilis, Festuca borealis* und *Iris Pseudocorus* begleitet.

Die jenseits des Walgmaflusses über Haselau bis Kawershof längs dem Embach sich erstreckenden Wiesen sind einförmig und können füglich übergangen werden.

Von den Nebenflüssen des Embach, welche unser Gebiet berühren, verdient vor Allem der Ammefluss[1]) eine Besprechung. Er fliesst bei Wassula in dem tiefen etwa 1 Werst breiten Thaleinschnitt, welcher die oben erwähnten Geröllrücken unterbricht. Weiter unterhalb verengt sich sein Thal und die Ufer desselben werden niedriger. In dem Gebüsch zwischen Wirkahl und Kopli sind zu erwähnen: *Ligularia sibirica, Swertia perennis* und *Epilobium parviflorum*. Etwas unterhalb Kopli zieht sich von dem Hawaschen Geröllrücken ein kleines Ellerngebüsch zum Rande des Ammethales hinab, welches durch das Vorkommen von *Carlina vulgaris, Epipactis latifolia, Picris hieracioides, Crepis biennis, Veronica latifolia* interessant ist. Unterhalb Wassula finden sich auf gestrüpp-

---

1) Es ist in Folgendem, als allein zu unserem Florengebiet gehörig, nur der links vom Flusse gelegene Theil seines Thales speciell berücksichtigt.

losen sumpfigen Wiesen *Chaetospora ferruginea* und *Carex fulva,* so wie endlich zwischen Reino und Addra auf einem kleinen niedrigen, mit Ellern bewachsenen Hügel neben *Thalictrum aquilegifolium* und *angustifolium, Picris Hieracioides, Crepis biennis, Humulus Lupulus,* und das sehr seltene, auch hier nur vereinzelt vorkommende *Allium oleraceum.*

In dem östlichen Quellfluss des Ilmazalschen Baches fand ich beim Gesinde Lesta an der Rigaschen Strasse *Carex Pseudo-Cyperus;* weiter unterhalb im Hauptfluss *Mentha aquatica;* in den Gebüschen an seinen Ufern *Polemonium caeruleum;* bei Hakhoff *Potamogeton compressus.* Im Merrafluss bei Päkste kommt vor: *Hydrocharis Morsus ranae,* an den steilen Ufern seines Thales *Turritis glabra, Jasione montana, Artemisia Absinthium* und *Dianthus deltoides.* Weiter auf die Vegetation an den Ufern dieses, sowie auch des Ullilaschen Baches, der nach seinem Austritt aus dem Keri-See die Westgrenze unseres Gebietes bildet, einzugehen, halte ich für überflüssig, da sie kaum etwas Neues bieten, die Vegetation unserer Flüsse im Allgemeinen aber durch die Schilderung derselben am Embach schon hinlänglich Rechnung getragen ist.

III. Die Umgebungen der Flussthäler.

Hatten wir es bisher hauptsächlich mit Sumpfwiesen und den sie bedeckenden Gebüschen, der Vegetation der Flüsse und Seen zu thun, so werden hier vor Allem die Wälder in Betracht kommen. Die Nadelwälder bestehen durchaus vorherrschend aus *Pinus Abies,* zu der sich indessen meist auch Laubhölzer, bes. Birken, hinzugesellen, während *Pinus sylvestris,* mehr Sand- oder Hochmoorboden vorziehend, nur hin und wieder kurze Strecken bedeckt. In Laubwäldern herrschen

Zitterpappeln oder Birken vor, untermischt mit Grauellern, Schwarzellern, vereinzelten Sumpfulmen (*U. effusa*), Eschen, Ebereschen, Faulbäumen (*Prunus Padus*), selten *Ulmus campestris* und *Tilia parvifolia*. Wiesen und Buschwiesen kommen häufig vor, Sandflächen und Haiden nur selten und nehmen nur geringen Flächenraum ein.

Die Höhenparthien sind, wie oben bemerkt, meist zu Aeckern verwandelt, und namentlich zieht sich zu beiden Seiten des Embachthales ein breiter Strich wohlbebauten Landes hin; eine Erscheinung, die wir häufig auch an anderen Flüssen Livlands wahrnehmen.

Wenden wir uns nun zu dem östlich vom Embach gelegenen Theil unsers Gebietes. Auf dem Hawaschen Geröllrücken sind an Feldrändern bei Hawa zu erwähnen: *Potentilla inclinata, Geum hispidum, Heracleum sibiricum, Pastinaca sativa*; auf dem Kassakaschen an der St. Peterburger Strasse *Silene nutans, Lychnis Viscaria, Origanum vulgare, Trifolium medium, Polygala comosa, Potentilla inclinata, Jasione montana*; auf Aeckern bei Wassula *Papaver dubium*; an Feldrändern bei Mollatz *Potentilla norvegica*. Wichtiger ist die Einsenkung zwischen diesem, und dem das Embachthal begrenzenden Höhenzuge, die im nördlichen Theil, von Roiasild an bis zum Südufer des Salla-Sees, mit einem zusammenhängenden Walde bedeckt ist, der sich theilweise auch auf die Kassakasche Höhe hinaufzieht. Je nach der Localität wird dieser Wald bald vorherrschend von *Pinus Abies*, bald mehr von Laubholz, bald von einem Gemisch beider gebildet. In dieser Form namentlich umsäumt er das West-, Nord- und Ostufer des Sees und ist den Dorpatensern hier unter dem Namen des „Wassulaschen Waldes" bekannt. Im Schatten dieses Waldes, dessen Unterholz aus *Alnus incana, Corylus*

Avellana, *Ribes rubrum*, *nigrum* und *alpinum*, *Lonicera Xylosteum*, und *Viburnum Opulus* gebildet wird, gedeihen folgende Pflanzen: *Stellaria nemorum*, *Holostea*, *longifolia*, *Orobus vernus*, *Galeobdolon luteum*, *Pulmonaria officinalis*, *Impatiens Noli tangere*, *Circaea alpina*, *Daphne Mezereum*, *Melampyrum sylvaticum*, *nemorosum* und *pratense*, *Campanula Trachelium*, *Pyrola secunda*, *rotundifolia* und *minor*, *Stachys sylvatica*, *Milium effusum*, *Melica nutans*, *Poa fertilis* und *nemoralis*, *Calamagrostis lanceolata*, *sylvatica* und eine Var. derselben, *Carex vaginata* und *Drymeja*, *Luzula pilosa*; am Süd-Ost-Rande: *Nardus stricta* und *microstachya*. Unmittelbar am Seeufer finden wir wieder Morast; unter seltnen Pflanzen sind *Carex fulva* und *Heleonastes* zu erwähnen. Im See selbst finden sich: *Ceratophyllum vulgare*, *Utricularia vulgaris*, *Potamogeton rufescens* und *pusillus*, *Myriophyllum spicatum;* in den Gebüschen am südlichen Ufer: *Ligularia sibirica*, *Iris sibirica*, *Laserpitium prutenicum*, *Betonica officinalis*, *Listera ovata*, *Crepis praemorsa* und *succisaefolia*, u. m. a. In den Gebüschen beim Gesinde Wahhi-Peter kommt in grosser Menge *Iris sibirica* vor; auf einem kleinen mit *Pinus sylvestris* bewachsenen Morast; *Salix Lapponum* und *myrtilloides*, *Vaccinium uliginosum*, *Myrtillus* und *Oxycoccos*. Der Wald auf dem nördlichen Theil der Engafer-Niederung, nahe beim Gute Wassula, biètet, ausser *Campanula latifolia* und *Crepis biennis*, nichts ihm Eigenthümliches. Am Rande des Waldes hierselbst, der sich zwischen Lombi und Perna, von der Kassakaschen Höhe in die Niederung, hinabzieht, fand ich *Avena flavescens*.

Oestlich von der St. Peterburger Strasse, wo sich die Höhen allmälig abflachen und abebnen, finden wir als Fortsetzung der Engafer-Niederung, zwischen Pilken (Dorf) und Sawikoda, einen ausgedehnten Morast, auf dem unter anderen *Scheuchzeria palustris, Utricularia minor* und *intermedia* zu erwähnen sind. Im südlichen Theile dieser Strecke zwischen Taidla, Rathshof, Jama, Pöwwato und Tilga wechseln schöne Buschwiesen mit kleinen Parthien Laubwaldes, Tannenbewachsene Moorgründe, Weide- und Sumpfland, mit wohlbestelltem Ackerlande mannigfaltig ab. Auf Buschwiesen finden wir: *Crepis succisaefolia, paludosa* und *praemorsa, Ranunculus polyanthemus, Geum rivale, Hieracium Auricula* und *pratense, Potentilla alpestris, Helianthemum vulgare, Polygonum Bistorta* und *viviparum* (selten), *Cypripedium Calceolus, Orchis incarnata, Platanthera bifolia, chlorantha, Listera ovata, Campanula Cervicaria* und *persicifolia, Centaurea austriaca, Serratula tinctoria, Betonica officinalis, Lychnis Flos Cuculi, Laserpitium prutenicum, Gladiolus imbricatus* und *Iris sibirica, Cynosurus cristatus, Avena flavescens* (Taidla), *pubescens* und *pratensis, Carex Hornschuchiana, glauca* und *capillaris*, etc. In den Laubwäldern finden sich: *Luzula multiflora, Pimpinella magna, Chaerophyllum aromaticum* und *Anthriscus sylvestris, Viola canina* und *sylvestris, Melandrium sylvestre, Poa nemoralis*; auf Moorboden: *Cassandra calyculata, Ledum palustre, Carex globularis, vitilis* und *canescens*; auf Weideland: *Centaurea Jacea, Knautia arvensis, Ranunculus acris, Trifolium reptans* und *montanum, Polygala amara, Chrysanthemum Leucanthemum, Leontodon autumnalis, Potentilla argentea, Artemisia campestris, Campanula glomerata, Solidago Virga aurea, Plantago media, Gnaphalium sylvaticum, Agrostis vulgaris, Achillea Millefolium* und andere gemeine Sachen; an trocknern sandigen Stellen: *Erigeron acris, Jasione montana, Dianthus deltoides, Lychnis Viscaria.* Weiter nach Osten gehend sieht man ausgedehntere Laubwälder. Im Walde bei Sawikodda finden wir: *Ranunculus cassubicus, Orobus vernus, Luzula pilosa* und *multiflora, Chrysosplenium alternifolium, Viola canina* und *sylvestris, Möhringia trinervia, Carex Drymeja, elongata, vesicaria, Poa trivialis;* am Rande und auf Waldwiesen: *Betonica officinalis, Campanula Cervicaria, Platanthera*-Arten und Andere. Von seltneren Bäumen kommen vor: *Fraxinus excelsior, Ulmus campestris* und *Tilia parvifolia.*

Zwischen Rathshof, Jama und Dorpat finden sich zwischen den Aeckern kleine Grashügel (d. „schwedische Kirchhof"). Hier sind zu erwähnen: *Ranunculus polyanthemus, Helianthemum vulgare, Sedum vulgare, Gentiana Amarella, Fragaria collina, Carex praecox* und *ericetorum;* im feuchten Gebüsch herum: *Thalictrum angustifolium, Gentiana Pneumonanthe, Laserpitium prutenicum, Rumex aquaticus, Juncus fuscoater, Polygonum minus.* Im Wäldchen bei Rathshof beim Lorri-Kruge kommen vor: *Adoxa Moschatellina, Ficaria ranunculoides, Humulus Lupulus;* an Gräben und Feldrändern daselbst: *Picris hieracioides, Cirsium oleraceum, Epilobium parviflorum* und *Tragopogon pratensis.* An dem Abhange des Jägerschen Berges im Ressourcen-Garten in der Stadt erwähne ich als Seltenheit *Phleum Boehmeri.*

Der Höhenzug, welcher das Embachthal nach Westen begrenzt, erhebt sich bei Forbushof zu einem kleinen Hügel (Wooremäggi), auf dem *Verbascum Thapsus, Polygonatum anceps* und *Filago arvensis* zu bemerken sind. Bei Techelfer sind zu erwähnen: *Polygala comosa* und *Helichrysum arenarium;* an seinem westlichen Abfall zu den Niederungen im kleinen Techelferschen Nadelwäldchen (*Pinus sylvestris*):

Arctostaphylos officinalis, Calluna vulgaris, Pyrola secunda und *minor, Carex globularis, canescens* und *vitilis, Vaccinium uliginosum* und *Myrtillus*. Bei Dorpat wird ein kleines Stück dieses Höhenzuges durch einen tiefen Einschnitt, welcher sich bogenförmig um den nordwestlichen Theil der Stadt herumzieht (der sogenannte Domgraben), isolirt, und ist, früher von den Festungswerken eingenommen, jetzt als sogenannter Dom mit Anlagen versehen. Von seltneren Pflanzen erwähne ich hier: *Polygala comosa, Draba nemoralis, Hieracium praealtum, Convolvulus arvensis, Tragopogon pratensis, Phleum pratense* und in grosser Menge *Bromus inermis*.

Die Vegetation des grossen Techelfer-Forbushofschen Waldes, welcher die ansehnliche Strecke zwischen dem Embach, Kardla, Forbushof, Kulli (Gesinde) und dem untern Ilmazalschen Bach bis Ilmazal hinauf einnimmt, gleicht im Allgemeinen der am Salla-See. *Pinus Abies* und *Betula pubescens* bilden den Hauptbestand untermischt mit Ellern, Pappeln, Nusssträuchern, *Betula alba, Ulmus effusa, Sorbus aucuparia, Prunus Padus*, sowie sehr vereinzelt *Tilia parvifolia* und *Pyrus Malus*; zu diesen gesellen sich dann noch niedere Sträucher wie *Viburnum, Lonicera Xylosteum* nebst den *Ribes*-Arten hinzu. In der Umgegend der Forstei am Rande des Waldes unweit Tücki erwähne ich: *Daphne Mezereum, Pulmonaria officinalis, Rubus saxatilis, Orchis maculata, Cypripedium Calceolus, Polemonium caeruleum, Pimpinella magna, Stachys sylvatica, Clinopodium vulgare, Stellaria nemorum* und *Xylosteum, Calamagrostis* und *Pyrola*-Arten; auf Waldwegen in Gesellschaft von *Gnaphalium uliginosum* und *Polygonum minus: Peplis Portala;* im Walde bei Muddanek: *Actaea spicata;* sowie zwischen Muddanek und Prosta auf Wegegeleisen: *Cyperus fuscus*. Auf Weideland und Ackerrändern im Walde und am Rande finden sich: *Erythraea Centaurium, Gnaphalium sylvaticum, Trifolium agrarium;* auf kleinen Geröllhügeln bei Kurre und Rāchny: *Polygala comosa, Lychnis Viscaria, Silene nutans, Trifolium montanum* und *medium*.

An diesen Wald schliesst sich in SSO, im Westen von dem obenerwähnten Techelferschen Nadelwäldchen, der zwischen den Gesinden Kulli und Pajo gelegene Techelfersche Moosmorast. Auf dem dicht mit *Sphagnum*-Arten bedeckten Boden kommen in grosser Menge vor: *Cassandra calyculata, Ledum palustre, Salix Lapponum* und die zierliche *S. myrtilloides;* seltener *Rubus Chamaemorus, Scheuchzeria palustris;* am Rande bei Kulli: *Carex pauciflora* und *Heleonastes*. Die übrigen Pflanzen bestehen in gewöhnlichen Morastpflanzen, wie: *Calamagrostis stricta, Carex filiformis, chordorrhiza, limosa, stricta, Eriophorum gracile, Menyanthes, Comarum* und *Pedicularis palustris*. Auf Buschwiesen in NW finden sich: *Crepis succisaefolia, Campanula Cervicaria* und *persicifolia, Iris sibirica, Centaurea austriaca, Hypochoeris maculata, Cirsium palustre* und *heterophyllum, Gymnadenia conopsea, Orchis incarnata* und *Carex Buxbaumii;* im Süden im (neuerdings grösstentheils abgehauenem) Gesträuch: *Viola palustris, sylvestris, mirabilis, Pimpinella magna, Galeobdolon luteum, Mercurialis perennis, Daphne Mezereum, Orchis maculata, Iris sibirica, Cypripedium Calceolus, Centaurea austriaca, Laserpitium prutenicum, Hypochoeris maculata, Scorzonera humilis, Hieracium pratense, Molinia coerulea, Triticum caninum, Calamagrostis lanceolata, sylvatica, Carex paradoxa*. Im Wäldchen bei Pajo links vom Ilmazalschen Wege finden sich: *Thalictrum aquilegifolium, Viola mirabilis* und *lucorum, Rubus saxatilis,*

Möhringia trinervia, *Lysimachia thyrsiflora* und *Nummularia*, *Platanthera chlorantha*, *bifolia*, *Gymnadenia conopsea*. Auf einer Wiese daselbst: *Betonica officinalis*, *Campanula Cervicaria*, *Cirsium heterophyllum*, *Carex vulpina*, *intermedia* und *Buxbaumii*.

Der Laubwald von Ruhenthal birgt in seinem Schatten die schon öfter genannten Laubholzpflanzen, und ich hebe hier nur einige hervor: *Pimpinella magna*, *Daphne Mezereum*, *Lathraea Squamaria*, *Neottia Nidus avis*, *Cypripedium Calceolus*, *Calamagrostis sylvatica* var., *Festuca gigantea*, *Hieracium murorum* (beim Waldschlösschen). Dieser Wald setzt sich in die sumpfigen Niederungen zwischen der Werroschen und Rigaschen Strasse bis westlich von Ucht fort. Auf Waldwiesen hierselbst ist häufig: *Polygala vulgaris*; auf Sümpfen: *Carex Heleonastes*; auf trocknen Stellen finden sich: *Silene nutans*, *Polygala comosa*, *Ranunculus polyanthemus*, *Trifolium medium* und *montanum*, *Dianthus deltoides*. Die schwachgewellte Ebene, welche im Süden des Laugo-Soo im Westen vom Ilmazaischen Bache ansteigt, hat in botanischer Hinsicht eine kleine, aber recht interessante Ausbeute geliefert. Wohlbestellte Aecker wechseln mannigfaltig mit Weideland, Sümpfen, Wald und Wiesengründen ab. Bei Pichwa ist ein schöner Laubwald, der sich bis zum Rande des Laugo-Soo hinabzieht. Häufig waren Eschen und mitunter schöne Eichenstämme. Auf den Aeckern bei Killitz fand Bienert *Papaver Argemone*, bei Rehbu Revisor Jacobson *Tofieldia calyculata*, bei Nüggen Hofrath Girgensohn *Euphorbia Esula*; am See daselbst fand ich *Eriophorum alpinum* und *Carex fulva*.

Auf der Ebene, die sich am Fusse des Wooremäggi nach N und NW ausbreitet, finden wir einen Wechsel von Aeckern mit Weideland, Laub- und Nadelwald und zum Theil Haiden. Am Wege von Merraküla nach Päkste finden wir auf Sandboden ein kleines Wäldchen von *Pinus sylvestris*, in dem *Pulsatilla patens* und *pratensis* und *Cerastium semidecandrum* neben gewöhnlicheren Sachen vorkommen. Bei Päkste findet sich *Artemisia Absinthium*, auf dem Wooremäggi *Calluna vulgaris*, *Achyrophorus maculatus* und *Pulsatilla patens*.

Es ist bereits schon früher bemerkt, dass die höher gelegenen Landstrecken meist von Aeckern eingenommen sind, und ich habe ihre Vertheilung in unserem Gebiet bereits im Vorhergehenden gelegentlich angegeben. Die auf denselben vorkommenden Pflanzen bleiben in unserem Florengebiet überall so ziemlich dieselben, und ich beschränke mich darauf die hervortretendsten hier anzuführen. Manche Einzelheiten werden sich aus dem speciellen Theil ergeben. Die gewöhnlichsten Ackerunkräuter sind folgende: *Delphinium Consolida, Fumaria officinalis, Erysimum cheiranthoides, Brassica campestris, Sinapis arvensis, alba, Camelina sativa, Thlaspi arvense, Capsella Bursa pastoris, Raphanistrum segetum, Viola arvensis, Spergula arvensis, Agrostemma Githago, Stellaria media, Arenaria serpyllifolia, Cerastium triviale, Erodium cicutarium, Anthemis tinctoria, arvensis, Leucanthemum vulgare, Tripleurospermum inodorum, Lapsana communis, Sonchus arvensis, Crepis tectorum, Lycopsis arvensis, Myosotis intermedia, Lithospermum arvense, Vicia angustifolia* und *sativa, Rhinanthus major, Odontites rubra, Lamium purpureum, Viola arvensis, Galeopsis Tetratit* und *versicolor, Stachys arvensis, Polygonum Convolvulus, Chenopodium album, Rumex Acetosella, Myosurus minimus, Poa annua, Avena strigosa, Bromus secalinus* und *arvensis, Triticum repens* und *Lolium linicola*. An Ackerrändern sind die häufigsten Pflanzen: *Ranunculus acris, Polygala amara, Melandrium pratense, Geranium pratense, Trifolium pratense, repens, montanum, Fragaria vesca, Potentilla anserina* und *argentea, Tormentilla, Alchemilla vulgaris,*

Carum Carvi, Pimpinella Saxifraga, Conium maculatum, Galium Mollugo, Heracleum sibiricum, Knautia arvensis, Solidago Virga aurea, Chrysanthemum Leucanthemum, Gnaphalium sylvaticum, Centaurea Jacea und *Scabiosa, Leontodon autumnalis, Hieracium Auricula* und *pratense, Campanula glomerata* und *patula, Veronica Chamaedrys, Phleum pratense, Agrostis vulgaris* und *alba, Dactylis glomerata* und *Festuca pratensis*. Seltener, aber für solche Standorte sehr charakteristisch, sind: *Potentilla inclinata, norvegica, Pastinaca sativa, Cichorium Intybus* und *Geum strictum*.

Schliesslich erwähne ich noch die häufigsten Ruderalpflanzen; diese sind folgende: *Sisymbrium officinale, Sophia, Melandrium pratense, Conium maculatum, Anthriscus sylvestris, Artemisia vulgaris, Cirsium lanceolatum* und *arvense, Carduus crispus, Lappa tomentosa, Galeopsis Tetrahit, Chenopodium album, Atriplex patula, Rumex obtusifolius, crispus* und *domesticus, Polygonum aviculare, lapathifolium* und *Persicaria, Geranium pusillum, Malva borealis;* in den Vorstädten und Gärten besonders: *Atriplex latifolia, Chenopodium rubrum, glaucum, Impatiens parviflora* (verwildert), *Atriplex hortensis, Matricaria Chamomilla* u. m. a.

An Wegen finden wir: *Plantago major* und *media, Anthemis arvensis* und *Cotula*, selten *Matricaria Chamomilla*.

Anhangsweise sei hier noch Einiges über das Verhältniss unserer Flora zu den Nachbarfloren und namentlich der des übrigen Livlands und Ehstlands (incl. Oesel) erwähnt. Alle Pflanzen zu nennen, welche in Livland vorkommen, bei uns aber fehlen, möchte mich zu weit führen. Dagegen dürfte es nicht ohne Interesse sein, einiger zunächst angrenzenden Lokalitäten hier zu erwähnen. Einerseits wird hierdurch die oben angenommene Begrenzung des Florengebietes gerechtfertigt werden, andererseits finden manche Angaben anderer Botaniker, welche seltene Pflanzen aus „Dorpat" anführen, ihre Erklärung.

In der Erstreckung von Wassula bis Hawa wird das Ammethal nach NO von einem mächtigen Geröllrücken begrenzt, welcher in paralleler Richtung mit dem Hawaschen an den W-Ufern des Kukulinschen Sees vorbeistreichend sich bis Nappo und Kobrafo erstreckt. An dem SW-Abfall zum Ammethal unweit Nappo liegt inmitten eines kleinen Laubwäldchens das Gesinde Trangi. Neben *Tilia parvifolia* (baumartig), *Pyrus Malus, Campanula latifolia, Trachelium, Carex Drymeja, Circaea alpina, Brackypodium sylvaticum, Chaerophyllum aromaticum, Epipactis latifolia,* kommen die unserer Flor fehlenden Pflanzen *Aquilegia vulgaris!* und *Lactuca muralis!* (von Lehmann aufgefunden) hier vor.

Im Süden unseres Gebietes zeichnet sich namentlich die Umgegend des 20 Werst von Dorpat an der Rigaschen Strasse gelegenen Kruges Terrafer durch das Auftreten mehrerer uns fehlenden Pflanzen aus. Die sandigen Hügel, wodurch diese Gegend charakterisirt wird, sind zum Theil mit Laub-, zum Theil mit Nadelholz bewachsen, und an den Abhängen, wie besonders gleich hinter dem Kruge, entwickelt sich mitunter eine sehr üppige Laubvegetation; die Linde, bei uns nur ein nicht blühender Strauch, wird hier zu einem ansehnlichen Baum, welcher im Sommer in vollem Blüthenschmucke prangt. Auf den Hügeln und Abhängen hinter dem Kruge finden wir: *Pulmonaria azurea* Besser [1])!*) *Carex montana*!, *Viola*

---

[1]) Nach Koch und Reichenbach. Cf. „Flora der Provinz Preussen" von Meyer, Patze und Elkan, so wie „Flora von Schlesien" von. Fr. Wimmer. Hierher gehört auch *P. angustifolia* L. in Fl. u. Lind. II. Aufl.

*) Das ! hinter dem Namen der Pflanze bedeutet hier, dass ich sie selbst gefunden habe.

collina Besser! (Lehmann), *Corydalis solida* (Lehmann!), *Arabis arenosa* Scop.! (Lehmann), *Dracocephalum Ruyschiana* L.!, *Hieracium cymigerum* Rchb. Fr.!¹), *Scleranthus perennis* (Lehmann), *Koeleria cristata* Pers.!, *Pulsatilla Hacqullii* Pohl. (Lehmann!) (etwas weiter bei Uddern), *Sempervivum soboliforum* Sims.! (bei Uddern und bei Terrafer auf der rechten Seite des Flusses auf der Höhe des Thalufers). Ausser diesen Pflanzen, die alle bei uns fehlen, kommen noch häufig vor: *Carlina vulgaris!*, *Veronica latifolia!*, *spicata!*, *Picris Hieracioides!*, *Pulsatilla patens* (Lehmann) und *pratensis!*, *Viola tricolor!* und *Cerastium semidecandrum!* (Lehmann). Im Tattra-Flusse bei Tattra kommt in grosser Menge *Nuphar intermedium* Led.! (die anderen *Nuphar*-Arten fehlen hier) und *Nymphaea biradiata!*, vor; auf der Niederung links vom Flusse zwischen Tattra und Revold: *Chaetospora ferruginea!* und *Tofieldia calyculata* Wahlbg.!; auf der Höhe des Uferthales beim Orro-Gesinde auch: *Sempervivum soboliferum!* Sims.!; bei Kamby auf den Höhen: *Dracocephalum Ruyschiana* (Lehmann); im Mühlenteiche daselbst in Gesellschaft mit *Nuphar luteum* — *Nuphar intermedium* Ledb.! und *pumilum* DC.!; auf Grashügeln bei Unipicht sind häufig: *Veronica latifolia!*, *Dracocephalum Ruyschiana* (Hehn), *Carlina vulgaris!*, *Geranium sanguineum!*; 20 Werst von Dorpat an der Werroschen Strasse beim Liwa-Kruge tritt zuerst *Phyteuma spicatum* L. (Herb. Girgensohn!) auf; bei Neu-Kusthof: *Goodyera repens* und *Pyrola media* (Herb. Kierulf!).

Die im speciellen Theil aufgeführten Pflanzen möchten wohl sämmtlich (*Pinguicula alpina?* *Carex microstachya?*) auch im übrigen Theile Livlands vorkommen. Ueber viele fehlen mir allerdings die speciellen Angaben, indessen habe ich viele

---

1) Nach Griesebach „Synopsis Hierac."

derselben bis an die äussersten Grenzen unseres Gebietes verfolgt, und mit Hinzuziehung von Kurland sind nach Bienert (ausser *Carex microstachya*, die bis jetzt nur bei Dorpat gefunden ist), sämmtlich in dem südlichen Theil unserer Provinzen beobachtet.

Dagegen fehlen im nördlichen, silurischen Theil unserer Provinzen folgende, bei uns vorkommende Pflanzen [1]): *Geum hispidum**, *Potentilla inclinata**, *Peucedanum Oreoselinum**, *Ptarmica cartilaginea**, *Ligularia sibirica**, *Carduus acanthoides**, *Crepis succisaefolia*, *Swertia perennis*, *Pinguicula alpina*, *Centunculus minimus*, *Rumex maximus*, *Potamogeton trichoides** (?), *Carex microstachya**, *Carex fulva* (?), *Cyperus fuscus*, *Nymphaea biradiata**, *Nuphar intermedium**. Die mit einem Sternchen bezeichneten Arten kommen bei St. Petersburg vor.

Vorbemerkung zum speciellen Theil.

Dem Verzeichniss ist Koch, „synopsis Florae Germanicae & Helvetiae," II. Auflage, lat. Ausgabe, zu Grunde gelegt. Die in unseren Provinzen mehr oder weniger überall und auch bei uns häufigen Pflanzen sind nur dem Namen nach angeführt, bei weniger allgemein verbreiteten ihre Verbreitung, und häufiges oder seltenes Vorkommen, in unserer Flor nebst Fundorten näher angegeben. Bei seltneren Sachen habe ich auch den Namen des ersten Finders, so weit er mir bekannt war, hinzugefügt. Ein ! hinter einem Ortsnamen bedeutet,

---

[1]) Es ist hierbei darauf Rücksicht genommen, dass nach Erscheinen der Schmidt'schen Arbeit *Gentiana Pneumonanthe* bei Paggar, *Onopor-Acanthium*, *Festuca borealis* und *Inula Britanica* (letztere beiden am Oberen See) von Dr. Sengbusch! bei Reval gefunden sind.

dass ich die Pflanze dort selbst gefunden; hinter dem Namen eines unserer Botaniker, dass ich Exemplare in seiner Sammlung gesehen und mich von der richtigen Bestimmung derselben überzeugt habe. Die mit einem † ohne fortlaufende Nummer aufgeführten Pflanzen sind entweder nur verwildert, oder unserer Flor noch zweifelhaft, oder irrthümlich als hier vorkommend angeführt.

1. Phanerogamen.

Dicotyledonen.

Thalamifloren.

Ranunculaceae.

1. ***Thalictrum*** *aquilegifolium* L. Auf feuchten Buschwiesen nicht selten; Embach-Niederungen: bei Techelfer!, Annenhof!, Timmofer; — Amme-Niederung bei Reino; — Bei Rathshof im Birkenwäldchen; Pajo (Bienert); Ilmazal!; Tilga!.
† — *minus* L. Am Wege nach Rathshof verwildert!.
2. — *simplex* L. Selten. Auf dem Gruswall bei Annenhof (Bienert! Kapp!).
3. — *angustifolium* Jacq. Auf feuchten Buschwiesen; die häufigste Art.
    α) *stenophyllum* Wimmer & Grab. Bei Weitem überwiegende Form.
    β) *heterophyllum* Wimm. & Grab. Seltener.
4. — *flavum* L.
5. ***Hepatica*** *triloba* (L.) Chaix.
† ***Pulsatilla*** *vulgaris* Mill. Nach Weinmann (sub Anemone), hat sich nicht bestätigt.
6. — *pratensis* (L.) Mill. (*P. Breynii* Rupr.) In einem Nadelwalde hinter Haselau (Lehmann!).

7. **Pulsatilla** *patens* (L.) Mill. Auf dem Hügel zwischen Lochkwa und Timmofer!; Im Nadelwalde am Wege von Haselau nach Päkste! (Lehmann); Auf dem Wooremäggi! (Lehmann).
8. *Anemone sylvestris* L. In der Gegend von Ruhenthal von einem Schüler des hiesigen Gymnasiums gefunden (Lehmann); Im karlowaschen Garten (Bruttan).
9. — *nemorosa* L.
10. — *ranunculoides* L.
11. **Myosurus** *minimus* L.
12. **Ranunculus** *aquatilis* L.
    α) *pantothrix* Brot. (*capillaceus* Thuill.) In Gräben, seichten Gewässern bei Wahhi-Peter!; Ilmazal!; Am Rande des Embach!.
    β) *tripartitus* Nolte. (*R. Peltveri* Koch). In alten Torfgruben bei Ropkoy (Bienert nach Bruttan).
    γ) *succulentus*. Am Embachufer unter Forbushof (Czekanowsky!); Kabbina (Hehn!), bei der Stadt!.
13. — *divaricatus* Schrank. (*R. circinatus* Fr. Summa Veget.) In tieferen Gewässern. Häufig im Embach und Walgma-Fluss!.
14. — *Flammula* L.
15. — *reptans* L. Am Embachufer unter Techelfer! (Bienert); Ropkoy (Bienert!); Am Ufer des Amme-Fluss bei Hawa!.
16. — *Lingua* L. Häufig im Embach! und Walgma-Flusse!; Haselau!; Torfgruben bei Ropkoy!; Im Salla-See!(Bienert).
17. — *auricomus* L. Häufig.
18. — *cassubicus* L. In feuchten schattigen Laubwäldern häufig. Annenhof!; am Salla-See!; Tücki!; Rathshof; Wahhi-Peter; Tilga; Ruhenthal (Bienert).
19. — *acris* L.
20. — *polyanthemus* L. Kabbina (Bge. fl. exs. N. 22!). Auf dem Gruswall bei Annenhof!; Rathshof!; Jama!; Jenese auf kleinen Hügeln!; Andrese-Gesinde!.
21. — *repens* L.
22. — *sceleratus* L.
23. **Ficaria** *ranunculoides* Mönch. Rathshof! (Lorri-Krug); Techelfer!.

24. ***Caltha*** *palustris* L.
25. ***Trollius*** *europaeus* L.
26. ***Delphinium*** *Consolida* L.
27. ***Actaea*** *spicata* L. Im Walde am Salla - See (Lehmann!); Im Walde zwischen Muddaneck und Kardla!.
28. ***Berberis*** *vulgaris* L. Im (neuerdings ausgerodetem) Gebüsch bei Ropkoy von Kapp und Bienert (1857) gefunden.

Nymphaeaceae.

29. ***Nymphaea*** *alba* L. Auct.
   β) *biradiata Sommerauer*. (Fries, Summa Veget.)
   Die Hauptform sparsam im Ardla - See!; die Form β häufig in den Nebenflüssen des Embach; im Amme-Fluss bei Hawa!, im Walgma-Fluss unter Terwand! (in grosser Menge).
30. ***Nuphar*** *luteum* (L.) Smith. Im Embach und seinen Nebenflüssen! überall häufig.

Papaveraceae.

† ***Papaver*** *Rhoeas* L. Weinmann 1810 wohl nur verwildert!; so im Daugulschen Garten!.
31. — *Argemone* L. Aecker bei dem Kilitzschen Kruge an der Rigaschen Strasse (Bienert!).
32. — *dubium* L. Aecker bei Wassula (Bienert!).
33. ***Chelidonium*** *majus* L. An Gartenzäunen in der Stadt häufig!.

Fumariaceae.

34. ***Fumaria*** *officinalis* L.

Cruciferae.

35. ***Nasturtium*** *amphibium* (L.) R. Br. Am Embach durch das ganze Gebiet.
36. — *palustre* (Leyss) DC.
† — *officinale* R. Br. Von Weinmann, und nach ihm von Web. & Wied. angeführt, ist ohne Zweifel ein Irrthum.
37. ***Barbarea*** *arcuata* Rchb. Auf der Embach-Niederung zwischen Dorpat und Techelfer! (Herb. Duhmberg, Bienert).
38. — *stricta* Andrz. Zerstreut durch das Gebiet.

39. ***Turritis** glabra* L. Kabbina (Hb. Kierulf!); trockene Hügel hinter Jama (Hb. Girgensohn!); am Uferabhang des Merra-Flusses unterhalb Päkste!; Gruswall bei Annenhof!; Acker hinter Marrama (Bienert!).
40. ***Arabis** Gerardi* Besser. Ropkoy (Bruttan in Bge. fl. exs); Embach-Niederung unter Techelfer (Lehmann!).
41. ***Cardamine** pratensis* L.
    β) dentata Rchb. Annenhof (Bunge 1824); Ropkoy (Bienert!).
42. — *amara* L. Techelfer (Hb. Girgensohn!); Wassula (Lehmann); Annenhof, Ropkoy (Bienert). Seltener als Vorige.
43. ***Sisymbrium** officinale* (L.) Scop.
44. — *Sophia* (L.)
45. — *Thalianum* (L.) Gaudin. (Koch l. c. excl. v. β). Häufig auf sandigen Aeckern bei Tücki!, Jama!, Rathshof, Techelfer (Hb. Girgensohn!), Ropkoy, Wahhi-Peter, Forbushof, Haselau (Bienert).
† — *supinum* L. Zwischen Dorpat und Wolmar (Rupr. diatrib.) ist in der nächsten Umgebung Dorpats nicht gefunden.
46. ***Erysimum** cheiranthoides* L.
† — *hieracifolium* L. Nach Weinmann und Heugel (Corresp. d. Rig. Nat., 7. Jahrg., p. 145) ist neuerdings nicht gefunden.
47. ***Brassica** Rapa* L.
    a) campestris L. Unter dem Getreide, auf Brachäckern häufig.
† — *Napus* L. Früher auf dem Dom verwildert (Kapp!).
† — *nigra* (L.) Koch. Hin und wieder auf Gartenauswürfen im Domgraben! so wie in Gärten! verwildert.
48. ***Sinapis** arvensis* L. Auf Getreidefeldern häufig.
49. — *alba* L. Aecker bei Techelfer!, Tamme!, Kabbina (Bienert), Taidla!, Mollatz!, Arro!; Sparsamer als Vorige.
50. ***Farsetia** incana* (L.) R. Br. Auf Aeckern bei Novum sparsam (Bienert!); In der Gegend von Ruhenthal vereinzelt von Mag. Ahlwick gefunden (Lehmann!).
† ***Lunaria** rediviva* L. Von Weinmann angeführt, hat sich nicht bestätigt.
51. ***Draba** nemorosa* L.

α) *lejocarpa* Lindb. (Led. fl. ross. I, p. 155). Brachäcker bei Rathshof!, Jama!; Auf dem Dom!.

52. **Draba** *verna* L.

† ***Armoracia*** *rusticana* Fl. d. Wett. Aecker bei Techelfer und dem Arro-Dorfe! (Bienert).

53. **Camelina** *sativa* (L.) Crantz.

54. **Thlaspi** *arvense* L.

55. **Lepidium** *ruderale* L. (Hb. Girgensohn! Gruner!); Kabbina (Lehmann); Ilmazal!; beim Anatomicum (Bienert).

56. **Capsella** *bursa pastoris* (L.) Mönch.
    α) *integrifolia.*
    β) *sinuata.*
    γ) *pinnatifida.*
    Alle Formen gemein (Bienert).

57. **Neslia** *paniculata* (L.) Desv. Cultivirte Orte bei Techelfer (Bienert!).

58. **Bunias** *orientalis* L. Zerstreut durch das Gebiet, an Wegen und Feldrändern bei Hawa!, Marrama (Bienert), Rathshof!, Jama!, Ruhenthal!.

59. **Raphanus** *Raphanistrum* L.
    α u. β) bei Koch (*Raphanistrum arvense* Rchb. fl. ger. exs. N. 666) (Bienert).
    γ) = *Raphanistrum segetum* Rchb. fl. germ. exs. N. 665. In grosser Menge überall unter dem Getreide und auf Brachäckern.

Cistineae.

60. **Helianthemum** *vulgare* Gärtn.
    α) *tomentosum* Koch. Auf guten Wiesen, Anhöhen. Kabbina (Hb. Kierulf!); Auf dem schwedischen Kirchhof (Bienert); Rathshof!; Gruswall bei Annenhof!.

Violarieae.

61. **Viola** *palustris* L. Auf feuchten Wiesen und Sumpfmooren nicht selten.

62. — *epipsila* Led. (Led. fl. ross. pag. 247). An ähnlichen Localitäten wie Vorige doch im Allgemeinen seltener. Annenhof (Bunge in Fl. & Lind. 1853); Wahhi-Peter!

(Bge. fl. exs. N. 95); Techelfer, Ropkoy (Bienert); Pajo!; Wassula!.

† **Viola uliginosa** Schrad. (Led. fl. ross. u. Bunge in Fl. & Lind., II. Aufl.) ist für das hier begränzte Gebiet noch nicht gesichert.

† — *odorata* L. Auf dem Dom (Lehmann!); Lunia (Hb. Jaesche!); In einer (jetzt ausgefüllten) Sandgrube am Wege nach Marienhof (Bienert, Kapp). Ist wohl überall nur verwildert.

63. — *arenaria* DC. Auf dem Hügel zwischen Lochkwa und Timmofer!; Kabbina (Hb. Kierulf!); Am Wgge bei Tasa Andres (Bienert).

64. — *canina* L. auct.
    a) *lucorum* Rchb. ic. fl. germ. 4501. In schattigen Wäldern, auf guten Wiesen unter Gebüsch, häufig. Rathshof!; Techelfer! (Hb. Kierulf!); Pajo!; Wahhi-Peter!.
    b) *ericetorum* Rchb. ic. fl. germ. 4501 γ. Auf Weideplätzen, Haiden. Zwischen Rathshof und Wahhi-Peter!; Pajo!; die seltnere Form.

65. — *sylvestris* Lam. (*Viola sylvatica* Fr. Mant. III). In feuchten, schattigen Wäldern häufig. Wassula!; Ruhenthal; Annenhof! etc.

66. — *stagnina* Kit. (*Viola lactea* Rchb. ic. fl. germ. 4507). Auf der Embach-Niederung zwischen Dorpat und Techelfer (beim Schrammschen Höfchen)! (Lehmann); Moorwiese zwischen der Rathshofschen Scheune und Arro, Ilmazal (Bienert nach Lehmann).

67. — *mirabilis* L. Wäldchen bei Annenhof!; Techelfer!; Forbushof, Ruhenthal (Bienert).

68. — *tricolor* L.
    a) *vulgaris* (V. *tricolor* Auct.). Domgraben bei der Teufelsbrücke (Bienert).
    β) *saxatilis*. Kabbina (Bienert).
    γ) *arvensis* (V. *arvensis* Murray). Gemein.

Droseraceae.

69. **Drosera rotundifolia** L. Nicht selten. Mollatz (Hb. Duhmberg!); Moräste bei Wahhi-Peter, Ruhenthal, Haselau,

am Salla-See (Bienert); Laugo-Soo bei Ilmazal!; Im Techelferschen Moosmorast!.

70. **Drosera** *longifolia* L. Seltener als Vorige. Mollatz (Hb. Jäsche!); Im Laugo-Soo bei Ilmazal! (auf dem Winterwege).

Parnassieae.

71. **Parnassia** *palustris* L.

Polygaleae.

72. **Polygala** *vulgaris* L. Auf trocknern Stellen der Embach-Niederung unter Annenhof (Bienert!); Zwischen der Werroschen und Rigaschen Strasse auf trocknen Wiesen! (Lehmann).

73. — *comosa* Schk. Techelfer (Grabenwand bei der Baumschule!); Auf dem Dom (Hb. Duhmberg); Auf einer kleinen Anhöhe beim Gesinde Kurre (hinter dem Techelferschen Morast); An der St. Petersburger Strasse auf dem Hawaschen Höhenzuge!; Gruswall vor Annenhof!; Auf Anhöhen zwischen der Werroschen und Rigaschen Strasse etwa 5 — 6 Werst von Dorpat (Lehmann).

74. — *amara* L. (*P. uliginosa* Rchb. Fr. Summa veget.).

Sileneae.

75. **Gypsophila** *fastigiata* L. Im Nadelwäldchen bei Kabbina! (Hrb. Kierulf).

76. — *muralis* L. Auf sandigen Aeckern, auf Waldwegen, an Stellen die überschwemmt gewesen, nicht selten. Auf Feldern zwischen Lochkwa und Timmofer!; Forstei bei Tucki!; Römo!; Wahhi-Peter (Lehmann); Hakhof!; Techelfer!; Kabbina, Ropkoy (Bienert).

77. **Dianthus** *deltoides* L. Nicht selten.

† — *plumarius* L. Von Weinmann angeführt, beruht wohl auf einer Verwechselung mit der Folgenden.

78. — *superbus* L. Im Nadelwäldchen bei Kabbina! (Bruttan); Auf den Buschwiesen bei Pöwwato!; Auf der Embach-Niederung unter Annenhof in Gebüschen, und auf dem Gruswalle daselbst.

† **Saponaria** *officinalis* L. Hin und wieder verwildert (Hb. Kierulf!). Am Gartenzaun bei Uellenorm!; Im Ressourcen-Garten!; Kommt hier nicht wild vor.

79. **Silene nutans** L. Kabbina (Hb. Kierulf!); Gruswall bei Annenhof!; Hawascher Höhenzug an der St. Petersburger Strasse!; Auf trocknen Anhöhen zwischen der Werroschen und Rigaschen Strasse 5 — 6 Werst von Dorpat!.
80. — *inflata* Sm.
81. — *noctiflora* L. Kabbina (Hb. Kierulf! „in cultis").
82. **Viscaria vulgaris** Röhl. Durch das Gebiet nicht selten.
83. **Lychnis flos Cuculi** L.
84. **Melandryum** *pratense* Röhl.
85. — *sylvestre* Röhl. Nicht selten in Laubwäldern und Gebüschen!.
86. **Agrostemma** *Githago* L.

Alsineae.

87. **Sagina** *procumbens* L. Gemein.
88. — *nodosa* (L.) E. Meyer.
† — *apetala* L. Von Weinmann angeführt ist zweifelhaft.
89. **Spergula** *arvensis* L. Häufig.
    α) *sativa* Boenningh. Aecker bei Techelfer und dem Forbushofschen Dorf!.
    β) *vulgaris* Boenningh. Techelfer!, Hakhof!.
90. **Lepigonum** *rubrum* Wahlenberg.
91. **Möhringia** *trinervia* (L.) Clairv. In schattigen Wäldern an alten Baumstummeln häufig.
92. **Arenaria** *serpyllifolia* L.
93. **Stellaria** *nemorum* L. In schattigen Laubwäldern durch das ganze Gebiet nicht selten.
94. — *media* (L.) Vill.
95. — *Holostea* L. Häufig in Laubwäldern.
96. — *glauca* With. Häufig.
97. — *graminea* L.
98. — *longifolia* Fr. (Fr. Nov. 2, p. 117). In feuchten schattigen Wäldern an alten Baumstummeln. Bis jetzt nur auf der Westseite des Salla-Sees im Wassulaschen Walde! (Maximowitsch).
99. — *crassifolia* Ehrh. Auf schwammigem Moorboden nicht selten!.

† ***Stellaria** uliginosa* Murr. bei Helmet (Hb. Bruttan!) ist bei Dorpat noch nicht gesichert.

100. ***Malachium** aquaticum* (L.) Fries. An Gräben, in der Vorstadt auf der Techelferschen Seite!; Techelfer!; Jama!; Ropkoy, Haselau, Quistenthal (Bienert).

101. ***Cerastium** semidecandrum* L. Aecker bei Mollatz (Bienert); Anhöhen bei Forbushof (Lehmann); Nadelwald hinter Haselau (Lehmann!).

102. — *triviale* Link.

Lineae.

103. ***Linum** catharticum* L.

Malvaceae.

104. ***Malva** borealis* Wallmann (*Malva rotundifolia* L. Fr.).

105. — *rotundifolia* L. Koch. l. c. (= *M. vulgaris* Fr. Nov. 2, p. 219). Auf Schutt an Zäunen in den Vorstädten. Selten. Dorpat (Hb. Girgensohn!); Techelfersche Vorstadt!; Domsandgrube (Lehmann).

Tiliaceae.

106. ***Tilia** parvifolia* Ehrh. (Hayne Arzn. Gew. 3 t. 46.) Blüthentragende Exemplaren aus Terrafer! In feuchten schattigen Laubwäldern als niedriger nicht blühender Strauch vereinzelt. Im Walde zwischen Tücki und Kardla!; Sawikodda!; Annenhof (Bienert); am Salla-See!.

Hypericineae.

107. ***Hypericum** perforatum* L.

108. — *quadrangulum* L.

Acerineae.

109. ***Acer** platanoides* L. Häufig angepflanzt. Wild nicht ganz gesichert. Nach Angabe Bienerts im Walde bei Ilmazal (Forstei unweit Tücki), der jedoch die von den Bauern daselbst eingezogenen Nachrichten widersprechen. Nach übereinstimmenden Angaben derselben findet sich der Ahorn wirklich wild in den Wäldern bei Kerrafer.

† — *campestre* u. *A. Pseudoplatanus* von Weinmann angeführt kommen nicht wild vor.

Geraniaceae.

110. **Geranium** *sylvaticum* L.
111. — *pratense* L.
112. — *palustre* L.
113. — *sanguineum* L. Selten. Gruswall bei Annenhof! (Bienert).
114. — *pusillum* L. (*G. rotundifolium* Fries). Häufig.
† — *rotundifolium* L. Koch. Bei Rathshof (Bienert) wohl verwildert. Ebenso:
† — *dissectum* L. „An Wegen" Fl. u. Lind.
† — *sibiricum* L. Am Embach in der Nähe des Botanischen Gartens verwildert (Bienert).
115. **Erodium** *cicutarium* (L.) L'Herit.

Balsamineae.

116. **Impatiens** *Noli tangere* L. In schattigen Wäldern, an Gräben. Techelfer!; Annenhof!; Tücki!; Andrese-Gesinde bei Sawikodda!; Am Salla-See!,
† — *parviflora* Dc. Led. fl. ross. pag. 481. Hat sich aus dem botanischen Garten durch die ganze Stadt verbreitet und ist ein häufiges Unkraut in Gärten und an Gartenzäunen.

Oxalideae.

117. **Oxalis** *acetosella* L.

Calycifloren.

Celastrineae.

† **Evonymus** *europaeus* L. und *verucosus* L. von Weinmann angeführt sind zweifelhaft.

Rhamneae.

118. **Rhamnus** *cathartica* L. Zerstreut durch das Gebiet. Jama (Hb. Czekanowsky!); Techelfer, Wassula (Bienert), Annenhof!; Sawikodda!; Pajo!.
119. — *Frangula* L. Häufig.

Papilionaceae.

120. ***Medicago** lupulina* L. Domberg, Sandgrube hinter dem Dom; Am Wege nach Forbushof (Bienert); Lubja!. Wohl nicht selten.
121. ***Melilotus** alba* Desrouss. Zerstreut und vereinzelt durch das Gebiet.
122. — *macrorrhiza* Pers. (Koch l. c. Hayne Arzneigew. 2 tab. 31 als *Trifolium officinale*.) Vereinzelt. Techelfersche Vorstadt (Bienert!); Auf einem Kartoffelfelde im Beckerschen Garten (Lehmann!).
123. ***Trifolium** pratense* L.
    ? β) *nivale = alpinum* Hoppe. Fl. u. Lind. 1839.
124. — *medium* L. Zerstreut durch das Gebiet. Jama (Hb. Hehn!); Rathshof (Hb. Czekanowsky!); Kabbina (Hb. Kierulf!); Gruswall bei Annenhof!; Ruhenthal!; Sandgruben im Domgraben!; Pöwwato (Lehmann) etc.!.
125. — *arvense* L. Auf Brachäckern, wüsten Anhöhen, in Gräben bei Päkste!, Forbushof!, Hakhof!, Kabbina (Hb. Kierulf!).
126. — *montanum* L. Kabbina (Hb. Kierulf!); Forbushof (Bienert); Auf dem schwedischen Kirchhof!; Gruswall bei Annenhof!; Kleine Hügel bei Jenese!; Hakhof!; Nicht selten!.
127. — *repens* L.
128. — *hybridum* L. (cf. Rupr. fl. ingr. pag. 262). Kabbina (Hb. Hehn!); Ruhenthal; beim Kilgi-Kruge an der St. Petersb. Strasse; Techelfer am Wege zum Embach (Bienert); Am Wege nach Marienhof!.
129. — *spadiceum* L. Selten. Vereinzelt auf Grasplätzen am Wege nach Marienhof (Bienert).
130. — *agrarium.* Zerstreut durch das ganze Gebiet. Wassula (Lehmann); Marrama, Forbushof, Aecker hinter Wahhi-Peter, Revold (Bienert); Timmofer!; Ropkoy!; Muddanek!.
131. — *procumbens* L. An Wegerändern bei Lunia (Bienert nach Duhmbergs Herb.).
132. ***Lotus** corniculatus.* Am Bache bei Jama, Annenhof (Bienert); Haselau!.
133. ***Vicia** Cracca* L. Häufig.

134. *Vicia sepium* L. Gesträuch bei Jama, Annenhof (Bienert); Rathshof!; Ruhenthal!. Nicht selten.
135. — *sativa* L. Unter dem Getreide.
136. — *angustifolia* Roth. Häufig.
   α) *segetalis*.
   β) *Bobartii*.
137. *Ervum hirsutum* L. Häufig auf Aeckern.
138. *Lathyrus pratensis* L.
139. — *palustris* L. Zerstreut, doch nicht selten. Embach-Niederungen bei Kabbina!, Techelfer!, Annenhof!, Timmofer!, Ropkoy (Lehmann), Haselau (Bienert); und sonst in Gebüschen auf feuchten Wiesen.
140. *Orobus vernus* L. In Laubwäldern am Salla-See!, bei Annenhof!, Techelfer!, Ilmazal!, Ruhenthal, Tilga, Wassula (Bienert).

Amygdaleae.

141. *Prunus Padus* L. Häufig in Laubwäldern.
† — *spinosa* L. Von Friebe (bei Web. & Wied.) angeführt, hat sich nicht bestätigt.
† — *avium* L. Nach Weinmann. Kommt nicht vor.

Rosaceae.

142. *Spiraea ulmaria* L.
   α) *denudata* Hayne. In schattigen Wäldern.
   β) *discolor* Koch.
143. — *Filipendula* L. Nicht häufig. Gruswall bei Annenhof!; In einer jetzt ausgefüllten Grandgrube an der St. Petersb. Strasse (Lehmann 1855); Auf dem schwedischen Kirchhof (Lehmann); Timmofer!.
144. *Geum urbanum* L. Techelfer; Rathshof; Annenhof (Bienert); Jama!; Ropkoy!.
145. — *strictum* Ait. Rupr. fl. ingrica p. 308.' Bge. fl. exs. N. 227! (*Geum intermedium* Besser bei Fl. & Lind. 1839). Zerstreut durch das Gebiet und meist vereinzelt. Auf Ruderalplätzen bei Kabbina! (Hb. Kierulf); An Feldrändern bei Ropkoy!, Novum!, Techelfer!, Hawa!.
146. — *rivale* L.
147. *Rubus Idaeus* L.

148. **Rubus** *caesius* L. Selten. Im trocknen Gebüsch am Embach bei Forbushof (Bge. fl. exs. N. 248); Gesträuch zwischen Karlowa und Bischofshof (Bienert); Prosta-Gesinde!.
149. — *saxatilis* L. Kabbina (Hb. Kierulf!); Wälder bei Techelfer!, Annenhof!, Quistenthal, Tasa Andres, Haselau (Bienert), Ilmazal!, Pajo!.
150. — *Chamaemorus* L. Meist ziemlich sparsam. Im Techelferschen Moosmorast!; Bei Wahhi-Peter! (Bienert); Im Laugo-Soo!.
151. **Fragaria** *vesca* L.
152. — *collina* Ehrh. Seltener als Vorige. Arro (Bge. fl. exs.); An Abhängen des Doms, auf dem schwedischen Kirchhofe, auf dem Gruswall bei Annenhof (Bienert); Techelfer!.
153. **Comarum** *palustre* L.
154. **Potentilla** *norvegica* L. An Wegerändern in den Vorstädten! (Hb. Kierulf); Feldrändern bei Renningshof (Hb. Girgensohn!), Mollatz!; Hakhof!. Meist nur vereinzelt.
155. — *anserina* L.
    β) *sericea*.
    γ) *viridis*.
156. — *inclinata* Vill. C. Koch. l. c. Lehmann Revis. Pt. in N. A. A. C. L. C. N. C. Supl. 1856. *P. intermedia canescens* Rupr!. An Wegen und Ackerrändern bei Techelfer!, Ropkoy!, Terwand!, Kabbina!, Hawa!, Marienhof!.
    Hierauf ist wohl auch die Angabe bei Weinmann: „*P. intermedia* L." zu beziehen und nicht auf *intermedia* Koch syn., (= *heptaphylla*. Miller) welche hier nicht vorkommt (cf. Web. & Wied. p. 275).
157. — *argentea* L.
† — *reptans* L. Von Web. & Wied. irrthümlich nach Weinmann angeführt.
158. — *Tormentilla* Sibth.
159. — *alpestris* Haller. Koch syn. l. c. (= *Potentilla maculata* Pour. (*P. Salisburgensis* Haencke) bei Lehman: Revisio Pot. in N. A. A. C. L. C. C. N. C. suplem. 1856 = *P. verna* L. Rupr.). Embach-Niederung unter Annenhof und Gruswall daselbst!; Buschwächtergesinde im Walde

am Salla-See!; Wiese zwischen Jama und Annenhof, Marienhof (Bienert); Auf dem schwedischen Kirchhof!.

160. *Agrimonia pilosa* Ledeb. (fl. ross. II, p. 32). In feuchtem Gebüsch, in Laubwäldern. Rathshof!; Ropkoy!; Annenhof!; Wassula!.

161. — *Eupatoria* L. An Wegen und Feldrändern auf trocknen Stellen. Ropkoy, Ruhenthal, Kabbina (Bienert); Techelfer!; Am Wege nach Forbushof!; Gruswall bei Annenhof!.

162. *Rosa cinnamomea* L. Sehr häufig in Gebüschen.

† — *rubiginosa* L. von Web. & Wied. nach Friebe, sowie *R. canina* L.[1]) nach Weinmann angeführt, sind noch zweifelhaft.

Sanguisorbeae.

163. *Alchimilla vulgaris* L.

† *Poterium Sanguisorba* L. Beim Garten der oec. Societ. verwildert (Hb. Girgensohn!, Hb. Duhmberg!).

Pomaceae.

164. *Pyrus Malus* L. Im Walde zwischen Ilmazal und Forbushof. Bei dem Gesinde Rähny sah ich im Garten kleine Apfelbäume, die der Wirth vor Kurzem aus dem Walde daselbst, dorthin gepflanzt hatte.

165. *Sorbus Aucuparia* L.

Onagrarieae.

166. *Epilobium angustifolium* L. Zerstreut durch das Gebiet. Techelfersche Wiese, Wahhi-Peter, (Bienert); Rathshof (Hb. Czekanowsky!); Kabbina (Hb. Kierulf!); Arro!; Näcki- und Jenese-Gesinde zwischen der Werroschen und Rigaschen Strasse!; Forbushof!; Taidla! etc.

167. — *hirsutum* L. An Gräben bei Ropkoy!, Techelfer!, Rathshof!, Hawa!, und sonst nicht selten.

168. — *parviflorum* Schreb. An Gräben auf feuchten Wiesen. Kabbina (Hehn!); Im Gesträuch zwischen Jama und Annenhof (Bienert); In der Nähe der Torfgruben bei Ropkoy!; Gräben bei Rathshof! (Lorri); Kopli-Gesinde bei Hawa!.

---

1) Beide Arten in Heiligensee!.

169. ***Epilobium** montanum* L. Auf dem Dom (Bienert); Techelfer, Ropkoy, Annenhof, Kabbina (Bienert); Wassula!; Jenese!.
   β) *collinum* Gmel. fl. bad. Auf dem Dom (Bienert!).
170. — *palustre* L.
171. — *roseum* Schreb. An Gräben bei Techelfer und Ropkoy!.
172. ***Circaea** alpina* L. Wälder bei Ruhenthal (Gruner!), am Salla-See!; Wassula!; Nadelwäldchen am Wege nach Wassula bei Kassaka!.
† — *luteliana* L. und *intermedia* Ehrh. Von Weinmann angeführt sind sehr zweifelhaft.
† ***Oenothera** biennis* L. Auf dem Kirchhof verwildert (Bienert!).

Halorageae.

173. ***Myriophyllum** verticillatum* L. In alten Torfgruben bei Ropkoy!; Im Walgma-Fluss in der Nähe des Ausflusses aus dem Ardla-See!; Im Embach bei Ihaste (Bienert).
174. — *spicatum* L. Im Ardla-See in Menge!; Im Embach bei der Stadt!.

Hippurideae.

175. ***Hippuris** vulgaris* L. Häufig im Embach! und sonst.

Callitrichineae.

176. ***Callitriche** vernalis* Kütz. Gräben bei Techelfer, Quistenthal, Ropkoy (Bienert).
177. — *stagnalis* Scop. Mit der Vorigen (Bienert).
178. — *hamulata* Kütz. Häufig.
179. — *autumnalis* L. Im Embach bei der hölzernen Brücke!.

Ceratophylleae.

180. ***Ceratophyllum** vulgare* Schleid. In einem Teich in der Techelferschen Vorstadt (Gruner!); Im Salla-See! (Bienert).

Lythrarieae.

181. ***Lythrum** Salicaria* L.
182. ***Peplis** Portula* L. Auf hartgetretenen Waldwegen an Stellen, die im Frühjahr überschwemmt gewesen, meist in Gesellschaft von *Gypsophila muralis* und *Gnaph. uliginosum*.

Nicht selten wie es scheint. Am Wege nach Ilmazal!; Forstei unweit Tucki!; Beim Buschwächter-Gesinde im Walde am Salla-See!.

† Cucurbitaceae.

† **Bryonia** dioica L. Von Weinmann angeführt, kommt nicht vor.

Paronychieae.

183. **Herniaria** glabra L. Sandige Stellen bei Kabbina!, Timmofer!, Ilmazal!; Aecker bei Marienhof, Ihaste, Wahhi-Peter, Ropkoy (Bienert); Rojasild!.

Scleratheae.

184. **Scleranthus** annuus L. Gemein.

Crassulaceae.

185. **Sedum** Telephium L.[1]) Auf Brachäckern bei Ropkoy!; Im Nadelwalde bei Kabbina!; Aecker bei Rathshof!, Jama!, Ruhenthal (Bienert).
186. — acre L.

Grossularieae.

187. **Ribes** Grossularia L. Auf dem schwedischen Kirchhof!; Beim Gesinde Andrese unweit Rojasild!, Bei Jama, Rathshof (Bienert). Bei uns nur vereinzelt und wohl richtiger nur verwildert.
188. — alpinum L. Ilmazal (Bge. fl. exs.); Techelfer!; Wald am Salla-See!; Annenhof! nicht selten.
189. — nigrum L. Laubwälder und Gebüsche bei Techelfer!, Ropkoy (Hb. Kierulf!), Rathshof!, am Salla-See (Bienert); Annenhof!.
190. — rubrum L. Mit den beiden Vorigen ebenfalls nicht selten!.

Saxifrageae.

191. **Saxifraga** Hirculus L. Niederungen des Embach bei Techelfer (Bienert), Quistenthal, Ropkoy, Annenhof!; Auf der Engafer-Niederung zwischen Perna und Hawa! etc.

---

1) Eine Form mit röthlichen Blüthen (*Sedum purpurascens* Koch?) habe ich hier durch keine sicheren Kennzeichen unterscheiden können,

† *Saxifraga tridactylites* L. Nach Weinmann. Zweifelhaft.
192. — *granulata* L. Techelfer!.' Auf Weideland. Mollatz (Hb. Czekanowsky); Rathshof!; Annenhof etc.
193. *Chrysosplenium alternifolium* L.

Umbelliferae.

† *Hydrocotyle vulgaris* L. Nach Weinmann. Hat sich nicht bestätigt.
194. *Cicuta virosa* L. Am Embach durch das ganze Gebiet!; Am Merrafluss bei Pükste! u. s. w.
   β) *tenuifolia*. Morast hinter Rathshof (Bienert!); Im Laugo-Soo bei Ilmazal!.
195. *Aegopodium Podagraria* L.
196. *Carum Carvi* L.
197. *Pimpinella magna* L. Auf feuchten buschreichen Wiesen, in Laubwäldern häufig. Wassula!; Annenhof!; Ruhenthal!; Tücki etc.
   β) *rosea* Hb. Girgensohn!.
198. — *Saxifraga* L.
   a) *major*. Auf Anhöhen häufig (Bienert).
   β) *dissectifolia* (*P. hircina* Leers.). Hügel zwischen Lochkwa und Timmofer (Bienert).
   γ) *poteriifolia*.
199. *Sium latifolium* L. Am Embach und seinen Nebenflüssen !.
200. *Oenanthe Phellandrium* Lam. Am Embach und seinen Nebenflüssen!.
201. *Aethusa Cynapium* L.
202. *Libanotis montana* All. An Feldrändern bei Kabbina!; Gruswall bei Annenhof!; Hierher auch:
   β) *sibirica* Koch. l. c. An Feldrändern bei Kabbina! (Schmidt)).
203. *Cnidium venosum* (Hoffm.) Koch. Zerstreut durch das ganze Gebiet.
204. *Selinum Carvifolia* L.

---

dagegen scheint mir *Sedum Tataria* Koch (Lehmann! Beiträge zur Flora Kurlands, Archiv: II. Ser., Bd. I, pag. 560) eine vollbegründete Art, welche jedoch bei uns nicht vorkommt.

205. **Ostericum** *palustre* Besser. Häufig und in Menge auf bewachsenen Stellen der Embach-Niederungen bei Techelfer!, Quistenthal!, Annenhof!, Ropkoy!, Timmofer!, Kabbina!.
206. **Angelica** *sylvestris* L.
207. **Peucedanum** *Oreoselinum* (L.) Mönch. Im Wäldchen bei Kabbina von Bruttan aufgefunden, hier sehr vereinzelt. In Menge auf dem Hügel zwischen Lochkwa und Timmofer!; Gruswall bei Annenhof!.
208. **Thysselinum** *palustre* (L.) Hoffm.
209. **Pastinaca** *sativa* L. An Feldrändern bei der Stadt, besonders auf der Techelferschen Seite und beim Gute Techelfer häufig!; Rathshof!; Hawa!; Ropkoy, Lochkwa (Bienert).
210. **Heracleum** *sibiricum* L. Nicht selten.
    β) *angustifolium* Jacq. (non Lin.)
† **Siler** *trilobum* Scop. Von Weinmann (*Laserpitium aquilegifolium* Murr.) angeführt, beruht wohl auf einem Irrthum.
211. **Laserpitium** *prutenicum* L. Auf der Embach-Niederung von Annenhof über Timmofer bis Kabbina!; Von Rathshof bis Sawikodda überall auf buschreichen Wiesen; Pöwwato!; Südseite des Salla-See!; Techelfer! etc.
212. **Daucus** *Carota* L. Aecker und Ackerränder bei Kabbina (Bruttan!) und auf dem Hügel zwischen Lochkwa und Timmofer!.
213. **Anthriscus** *sylvestris* (L.) Hoffm.
214. **Chaerophyllum** *aromaticum* L. Gebüsche bei Kabbina (Bge. fl. exs. N. 329), Tasa Andres (Bienert), Annenhof!, Jama!, Rathshof! (Bienert).
† — *temulum* L. Von Weinmann angeführt, kommt bei uns nicht vor.
215. **Conium** *maculatum* L. Häufig auf Schutt an Zäunen, Bauerwohnungen.

Caprifoliaceae.

216. **Adoxa** *Moschatellina* L. Ropkoy (Hb. Kicrulf!); Im Wäldchen bei Rathshof!; Annenhof, Wassula (Bienert).
† **Sambucus** *Ebulus* L. (Weinm.). Ist hier nicht[1]) beobachtet.

---

1) Auf einem Felde beim Gesinde Kangro (bei Heiligensee) ist die Pflanze seit etwa 17 Jahren, wo sie zuerst erschienen war, ein wucherndes, lästiges Unkraut, das nicht mehr ausgerottet werden konnte.

217. *Viburnum Opulus* L.
218. *Lonicera Xylosteum* L.
219. *Linnaea borealis* L. Im Walde bei Lunia (Bunge 1823).

Stellatae.

220. *Asperula tinctoria* L. (Fl. & Lind.) Auf dem Gruswall bei Annenhof! (Bienert).
221. *Galium Aparine* L.
222. — *uliginosum* L.
223. — *palustre* L.
224. — *boreale* L.
225. — *Mollugo* L.
226. — *verum* L.

Valerianeae.

227. *Valeriana officinalis* L.
Eine sichere Unterscheidung einer *Valeriana officinalis* und *exaltata Mikan* ist mir nicht gelungen.

Dipsaceae.

228. *Knautia arvensis* (L.) Coult.
β) *foliis integris*.
γ) *campestris* Koch. Hin und wieder mit der Hauptform.
229. *Succisa pratensis* Mönch.

Compositae.

230. *Eupatorium cannabinum* L. An Gräben in der Nähe der Ropkoyschen Torfgruben!.
231. *Tussilago Farfara* L. Techelfer (Bge. fl. exs. N. 369!); Ropkoy (Hb. Czekanowsky!); Rathshof!; Rubenthal!; Rojasild!.
† *Petasites officinalis* Mönch. Von Weinmann angeführt (*Tussilago Petasites*), hat sich nicht bestätigt.
232. *Erigeron acris* L. Techelfer; Auf dem Dom (Bienert); Gruswall bei Annenhof!; Kabbina!; Jenesel!; Römo!.
233. *Solidago virga aurea* L.
234. *Inula salicina* L. Techelfer (Lehmann); Gruswall bei Annenhof!; Quistenthal (Bienert).

235. ***Inula britanica*** L. Am Uferwall des Embach durch das ganze Gebiet.
† — *Helenium* L. Auf Bauerhöfen verwildert. Beim Buschwächtergesinde im Wassulaschen Walde (Bienert); Gesinde auf der Nordseite des Salla-Sees!; Pichwa!.
† ***Galinsoga*** *parviflora* Cav. In der Stadt hin und wieder verwildert. Bei der hölzernen Brücke (Schmidt); im Lehmannschen Garten (Lehmann!).
236. ***Bidens*** *tripartita* L.
237. — *cernua* L.
  β) *flor. radialis.*
  γ) *minima.*
238. ***Filago*** *arvensis* L. Aecker bei Päkste!; Hügel bei Forbushof!; Zwischen der Rathshofschen Scheune und Arro auf Aeckern; Aecker bei Tasa Andres (Bienert).
239. ***Gnaphalium*** *sylvaticum* L. Häufig.
240. — *uliginosum* L.
241. ***Antennaria*** *dioica* (L.) Gärtner.
242. ***Helichrysum*** *arenarium* (L.) DC. Am Rande der trocknen Wiesen vor dem Techelferschen Park (1855)!.
  Die Wiese ist im folgenden Jahre zum Acker gemacht und die Pflanze verschwunden.
243. ***Artemisia*** *Absinthium* L. Päkste!; Renningshof (Bienert).
244. — *campestris* L.
245. — *vulgaris* L.
246. ***Tanacetum*** *vulgare* L. Zwischen Wahhi-Peter und Arro im gelichteten Gesträuch in der Nähe des Weges nach Rathshof (Bienert); Beim Gesinde Milo-Jürry unweit Sawikodda!.
247. ***Ptarmica*** *vulgaris* DC. Forbushof (Hb. Czekanowsky!); Am Birkenwäldchen vor Kabbina (Bienert); Im Gebüsche auf dem Gruswall bei Annenhof!; Quistenthal in alten Torfgruben!; In Gebüschen auf der Embach-Niederung zwischen Bischofshof und der Stadt!.
248. — *cartilaginea* Led. (Led. fl. ross. pag. 530). An dem Uferwall des Embach in Gebüschen durch das ganze Gebiet!; An Gräben in der Nähe des Embach bei Haselau!; Im Gebüsch auf dem Gruswall bei Annenhof!.

249. *Achillea* *millefolium* L.
250. *Anthemis* *tinctoria* L.
251. — *arvensis* L. Häufig.
252. *Maruta* *Cotula* (L.) DC. An Wegen bei Annenhof (Bunge fl. exs.), Lochkwa, Kabbina, Killitz (Bienert).
253. *Matricaria* *Chamomilla* L. Am Embach, an Wegen in den Vorstädten; Rathshof (Bienert); Arro!; Am Wege nach Forbushof!; Annenhof!.
254. *Leucanthemum* *vulgare* DC.
255. *Tripleurospermum* *inodorum* (L.) C. H. Schultz.
256. *Ligularia* *sibirica* (L.) Cass. Auf sumpfigen Buschwiesen der Embach-Niederungen unter Annenhof! (Kägel 1806 nach Germans Verzeichniss), und Quistenthal (Bienert); Niederung des Ammeflusses beim Gesinde Kopli!; Sumpf am Südende des Salla-Sees! (Bienert).
257. *Senecio* *vulgaris* L.
258. — *Jacobaea* L. Gesträuch zwischen Jama und Annenhof. (Bienert); Kabbina!; Gruswall bei Annenhof (Bienert).
259. — *paludosus* L. In Gebüschen auf Sumpfwiesen der Embach-Niederungen bei Quistenthal (Hb. Kierulf); Timmofer!; Am Rande des Gruswalles bei Annenhof!; Kabbina!.
260. *Cirsium* *lanceolatum* (L.) Scop.
261. — *palustre* (L.) Scop.
262. — *oleraceum* (L.) Scop. Jama, Techelfer (Bienert); Ropkoy!; An Gräben bei Rathshof! (Lorri).
263. — *heterophyllum* (L.) All. c. var. *helenioides* All. Auf feuchten Buschwiesen zerstreut. Jama, Annenhof (Bienert); Rathshof (Hb. Czekanowsky!); Pajo!; Kulli!; Wassula (Gruner).
264. — *arvense* (L.) Scop.
    α) *horridum*.
    β) *mite*. Beide Formen häufig (Bienert).
265. *Carduus* *crispus* L.
266. — *acanthoides* L. Am Embach bei der hölzernen Brücke! (Lehmann).
267. *Onopordum* *Acanthium* L. Rupr. fl. ingrica pag. 512 (nach Ledebour und Bunge); Auf Schutt am Embachufer bei

der hölzernen Brücke (Hb. Girgensohn!). Scheint jetzt aus unserer Flor verschwunden zu sein.

268. **Lappa major** Gärtner. Am Embachufer bei der hölzernen Brücke!.

269. — *minor* DC. An Wegen auf Schutt meist nur vereinzelt, durch das Gebiet. Embachufer bei der hölzernen Brücke!; Am Wege nach Forbushof beim ersten Dorf!; Am Wege nach Marienhof!; Kabbina (Hehn!); Annenhof (Hb. Girgensohn!); Bei der Windmühle am Wege nach Hakhof!; Gesinde am Nordende des Salla-See!.

270. — *tomentosa* L.

271. **Carlina vulgaris** L. Bis jetzt nur im kleinen Ellerngebüsch, am östlichen Abfall des Hawaschen Höhenzuges zum Ammethal, zwischen dem Gesinde Kopli und dem Gute Wassula! und auch hier nur vereinzelt.

272. **Serratula** *tinctoria* L. Im Gesträuche der Embach-Niederung unter Annenhof und Lochkwa!; Buschwiesen zwischen Lochkwa und Wannamois!, so wie zwischen Rathshof und Römo.

273. **Centaurea** *Jacea* L.

274. — *austriaca* Willd. Koch l. c. — Schmidt!, Fl. d. silur. Bodens — *C. phrygia* L. Rupr. fl. ingr. p. 544! (Nach Exempl. aus Lisino). Häufig in Gebüschen.

275. — *Cyanus* L.

276. — *Scabiosa* L.

277. **Lapsana communis** L. Auf Getreidefeldern, in Gebüschen.

278. **Cichorium Intybus** L. An Wegen, Zäunen, Feldrändern in der Nähe der Stadt!; Weiterhin selten. Am Wege nach Sawikodda!.

279. **Leontodon** *autumnalis* L.
  β) *pratensis*. Tücki!, Timmofer! etc..

280. — *hastilis* L.
  α) *vulgaris* Koch (*L. hispidum* L.).
  β) *glabratus* Koch (*L. hastilis* L.). Beide Formen häufig.

281. **Picris** *Hieracioides* L. An einem Grabenrande bei Rathshof (Lorri)! (Hehn)]; In einem Ellerngebüsch auf der Niederung des Ammeflusses zwischen den Gesinden Reino und Adra!; Am östl. Abfall des Hawaschen Höhenzuges zur Amme zwischen Kopli und Wassula!.

282. *Tragopogon pratensis* L. Auf dem Dom!; Rathshof; an Gräben bei Lorri!; Techelfer, Carlowa!, Ropkoy (Bienert).
283. *Scorzonera humilis* L. Häufig auf Wiesen.
284. *Hypochoeris maculata* L. Zerstreut durch das Gebiet. Kabbina; Pajo (Bienert); Hügel zwischen Lochkwa und Timmofer!; Zwischen der Werroschen und Rigaschen Strasse!; Auf dem Wooremäggi bei Päkste! etc.
285. *Taraxacum officinale* Wigg.
286. *Sonchus oleraceus* L.
287. — *asper* Vill.
288. — *arvensis* L.
β) *glaber* Schultz.
289. *Crepis praemorsa* Tausch. Embach-Niederungen bei Quistenthal (Bienert), Techelfer! Annenhof (Hehn!); Wahhi-Peter (Bienert); Buschwiesen zwischen Rathshof und Römo!.
290. — *biennis* L. Selten. Im schattigen Laubwalde bei Wassula!; Gebüsch auf der Niederung des Ammeflusses zwischen Reino und Adra!; Zwischen Kopli und Wassula am östlichen Abfalle des Hawaschen Höhenzuges zum Ammethal!. Meist vereinzelt.
291. — *tectorum* L.
292. — *paludosa* Mönch. Auf feuchten Buschwiesen, in Laubwäldern häufig.
293. — *succisaefolia* Tausch. Mit der Vorigen im Allgemeinen auf besserem Boden durch das ganze Gebiet häufig!. In der Gegend von Rathshof, Jama, Annenhof in grosser Menge!. Von C. A. Meyer 1820 bei Annenhof aufgefunden (Rupr. fl. ingr.). Die Pflanze ist bei uns stets mehr oder weniger behaart (*mollis* Koch).
294. *Hieracium Pilosella* L.
295. — *Auricula* L.
296. — *praealtum* Vill. Auf dem Dom!; Ropkoy; Ruhenthal (Bienert); Jama!.
297. — *pratense* Tausch. (*H. collinum* Koch, Grieseb. *Hier.*) Häufig.
298. — *murorum* L. β) *plumbeum* Fr. (Grieseb. *Hierac.*) Bis jetzt nur im Wäldchen beim Waldschlösschen!.
299. — *umbellatum* L.

Campanulaceae.

300. **Jasione** *montana* L. Auf sandigem Boden, Anhöhen durch das Gebiet. Kabbina!; Mollatz; Timmofer etc.
301. **Campanula** *rotundifolia* L.
302. — *rapunculoides* L. Im Gesträuche bei Annenhof, auf dem Dom (Bienert); Lubja!.
303. — *Trachelium* L. Gebüsche bei Annenhof!, Tücki!, Ropkoy!, Rathshof!; Auf der Embach-Niederung beim Forbushofschen Dorf!; Pichwa!.
304. — *latifolia* L. Laubwald bei Wassula! (Bunge 1823); Ropkoy (Bienert); Im Wäldchen bei Annenhof!.
305. — *patula* L.
306. — *persicifolia* L.
307. — *Cervicaria* L. Auf guten Buschwiesen zerstreut durch das Gebiet. Ropkoy (Bienert); Pajo!; Annenhof!; Kulli!.
308. — *glomerata* L.

Vaccinieae.

309. **Vaccinium** *Myrtillus* L.
310. — *uliginosum* L.
311. — *Vitis Idaea* L.
312. — *Oxycoccos* L.

Ericineae.

313. **Arctostaphylos** *officinalis* Wimm. & Grab. Hügel zwischen Lochkwa und Timmofer!; Nadelwäldchen bei Techelfer!; Auf dem Kassakaschen Höhenzuge im Nadelwalde! etc.
314. **Andromeda** *polifolia* L. Auf Moosmorästen bei Techelfer!, Wahhi-Peter!, Römo!, Haselau, Mollatz, Robi (Bienert); Im Laugo-Soo!.
315. **Cassandra** *calyculata* (L.) Don. Auf Moosmorästen durch das Gebiet, häufig. Techelfer!; Im Nadelwald auf der Embach-Niederung unter Forbushof!; Mollatz (Schmidt); Römo!; Lunia!; Ruhenthal!; Laugo-Soo!.
316. **Calluna** *vulgaris* L.
317. **Ledum** *palustre* L.

Pyrolaceae.

318. ***Pyrola** rotundifolia* L. Häufig.
319. — *minor* L. Häufig.
320. — *secunda* L.
321. — *uniflora* L. In Wäldern bei Lunia (Hb. Kierulf!); Im Wassulaschen Walde am Salla-See (Hb. Girgensohn!); Mollatz!; Quistenthal (Lehmann); Forbushof (Bienert).
† — *umbellata* L. Nach Weinmann. Ist zweifelhaft.

Corollifloren.

Oleaceae.

† ***Ligustrum** vulgare* L. Weinmann. Kommt nicht vor.
322. ***Fraxinus** excelsior* L. Durch das ganze Gebiet nicht selten. Annenhof!; Sawikodda!; Pajo!; Pichwa!; Im Walde zwischen Ilmazal und Kardla!.

Gentianeae.

323. ***Menyanthes** trifoliata* L.
324. ***Swertia** perennis* L. Sumpfwiesen der Embach-Niederungen bei Techelfer (Hb. Duhmberg!, Jäsche!), Quistenthal!, Annenhof!, Ropkoy!, Niederung des Ammeflusses bei Kopli!.
† ***Gentiana** cruciata* L. Nach Weinmann, ist zweifelhaft.
325. — *Pneumonanthe* L. Auf trockenem Moorboden. Im Gesträuch beim schwedischen Kirchhof!; Im Gesträuch zwischen dem deutschen Kirchhof und Arro!; Embach-Niederung unter Annenhof!; Kabbina!.
326. — *Amarella* L. Grieseb. *Gentian.* p. 238. Häufig auf Weideland. Hierher auch:
    b) *Gentiana livonica* Eschscholtz (Gries. l. c.). Mit *G. Amarella* auf erhabenen Stellen. Auf sandigen Anhöhen zwischen den Aeckern bei Jama, Forbushof und hinter Annenhof (Bienert!).
327. ***Erythraea** Centaurium* Pers. Auf Weideland, an Waldrändern durch das Gebiet nicht selten. Annenhof!; Ropkoy!; Ruhenthal!; Muddaneck! etc.

Polemoniaceae.

328. **Polemonium** *caeruleum* L. Auf feuchten Wiesen in Gebüschen, Laubwäldern, zerstreut durch das ganze Gebiet, aber überall vereinzelt. Niederung des Hakhofschen Baches hinter Ruhenthal!; Zwischen der Rigaschen und Werroschen Strasse!; Jenseit des Techelferschen Morastes bei Kulli (Schmidt); Tücki!; Auf der Embach-Niederung zwischen Techelfer und Forbushof!; Quistenthal; Embach-Niederung unter Anuenhof!.

Convolvulaceae.

329. **Convolvulus** *sepium* L. Gebüsche am linken Embachufer in der Vorstadt oberhalb der hölzernen Brücke!; Jama (Hb. Girgensohn!); Timmofer (Hb. Czekanowsky!); Embach - Niederung unter Annenhof!, und zwischen der Stadt und Bischofshof! (Bruttan).
330. — *arvensis* L. Annenhof (Hb. Jäsche!, Lehmann); Am Südabhange des Doms!; Nutti, Forbushof (Bienert!).
331. **Cuscuta** *europaea* L. In Gebüschen, an Gräben bei Jama!, Techelfer!, Ropkoy!, Rewold!.

Borragineae.

332. **Asperugo** *procumbens* L. An Zäunen bei Marienhof (Bienert); Bei der hölzernen Brücke (Lehmann); Bei der Techelferschen Riege!.
333. **Echinospermum** *Lappula* Lehmann. Selten. Hb. Jäsche!. In der Sandgrube im Domgraben (Hb. Girgensohn!, Lehmann).
334. **Cynoglossum** *officinale* L. Selten. Kabbina (Hb. Kierulf! var. *bicolor*); Auf dem Kirchhof (Bienert).
335. **Anchusa** *officinalis* L.
336. **Lycopsis** *arvensis* L.
337. **Symphytum** *officinale* L. Im Gebüsch am Uferwall des Embach unter Techelfer!, Annenhof!, Quistenthal!, Ropkoy! und sonst hin und wieder in Gebüschen, so bei Jama (Bienert) und am Gruswall bei Annenhof!.
338. **Echium** *vulgare* L.
339. **Pulmonaria** *officinalis* L. In schattigen Laubwäldern auf humusreichem Boden nicht selten. Annenhof!; Ruhenthal!; Wald am Salla-See!; Tücki!.

340. *Lithospermum* arrense L.
341. *Myosotis palustris* With.
342. — *caespitosa* Schultz. Weide zwischen Carlowa und Bischofshof (Bienert!); Im Ressourcen-Garten (Lehmann!).
343. — *intermedia* Link.
344. — *stricta* L.

Solaneae.

345. *Solanum nigrum* L. Auf Schutt in den Vorstädten.
346. — *Dulcamara* L. In Gebüschen auf den Embach-Niederungen häufig, und sonst im feuchten Gebüsch.
347. *Myoscyamus niger* L. Gemein.
  β) *pallidus* Kit. Fl. & Lind. 1839. Techelfer (Bienert).
348. *Datura Stramonium* L. Schutthaufen bei der Techelferschen Windmühle (Bienert).

Verbasceae.

349. *Verbascum Thapsus* L. Fr. (V. *Schraderi* Meyer Koch syn.) Selten. Hügel bei Forbushof!; Grandgrube bei Rathshof!.
350. — *nigrum* L.
351. *Scrophularia nodosa* L.

Antirrhineae.

352. *Linaria vulgaris* Mill.
353. *Veronica scutellata* L. c. v. *pubescens* Koch. (V. *Parmularia* Poit. & Turp.)
354. — *Anagallis* L.
355. — *Beccabunga* L.
356. — *Chamaedrys* L.
357. — *officinalis* L.
358. — *latifolia* L. In einem Ellerngebüsch am östl. Abfall des Hawaschen Höhenzuges zum Ammethal zwischen dem Gesinde Kopli und dem Gute Wassula.
359. — *longifolia* L. In Gebüschen der Embach-Niederungen häufig.
360. — *spicata* L. Auf sandigen Anhöhen. Nicht häufig. Kabbina!; Hügel zwischen Lochkwa und Timmofer!.

361. *Veronica serpyllifolia* L. Auf Brachäckern, feuchten Waldstellen.
362. — *arvensis* L. Auf Aeckern, Haide- und Weideland häufig.
363. — *verna* L. Auf Brachäckern, trockenen Haiden, besonders auf sandigem Boden häufig.
364. — *agrestis* L. In Gärten, auf bebautem Boden.
† — *opaca* Fries. Jama (Hb. Kierulf!), ist bei uns noch nicht unterschieden worden.
365. *Limosella aquatica* L. Auf der Embach - Niederung am Wege nach Annenhof (Hb. Girgensohn!); Am Embachufer gegenüber dem Kaufhof, und der Badeanstalt von Stöckel! (Bienert, Kapp).

Orobancheae.

366. *Lathraea Squamaria* L. In schattigen Laubwäldern auf Wurzeln von *Corylus Avellana;* Im Wäldchen bei Annenhof!; Ruhenthal (Bienert).

Rhinanthaceae.

367. *Melampyrum cristatum* L. Wiese zwischen Kabbina und Timmofer (Lehmann! Majewsky!).
† — *arvense* L. Weinmann, ist sehr zweifelhaft.
368. — *nemorosum* L.
369. — *pratense* L.
370. — *sylvaticum* L. Am Wege zum Buschwächtergesinde im Wassulaschen Walde am Salla-See!; Forbushof (Bienert).
371 *Pedicularis palustris* L.
372. — *Sceptrum Carolinum* L. Zerstreut. Embach - Niederungen bei Techelfer!, Quistenthal (Bienert), Ropkoy!, Annenhof! etc. und sonst auf Moorwiesen.
373. *Rhinanthus major* Ehrh.
374. — *minor* Ehrh.
375. *Euphrasia officinalis* L.
 α) *pratensis.* Auf trockenem Boden.
 β) *nemorosa.* Mehr auf feuchtem Boden.
376. — *Odontites* L.

Labiatae.

† *Elsholtzia cristata* L. An Gräben, Zäunen der Vorstädte (Bunge fl. exs. N. 598!). Im Jahre 1806 in den bot.

Garten eingeführt (German Verzeichniss der Pflanzen des botan. Gartens 1807).

† ***Mentha sylvestris*** L. Alte Baustelle bei Quistenthal (Hb. Girgensohn!), wohl nur verwildert.

377. — *aquatica* L. Techelfer! (im Graben am Wege der zum Embach führt); Im Hakhofschen Bach unweit Lesta!.

378. — *arvensis* L. Gemein.
β) *parietariaefolia* Becker (Rchb. pl. crit X, 1301 und Icon. fl. germ. Lab. t. 88 II). Am Embach bei Ropkoy!.

379. ***Lycopus*** *europaeus* L. In feuchtem Gebüsch bei Rathshof!, Ropkoy!, Techelfer!; Am Embach bei der hölzernen Brücke! etc. nicht selten.

380. ***Origanum*** *vulgare* L. Zerstreut durch das Gebiet.

381. ***Thymus*** *Serpyllum* Fr. Nov. fl. succ. 2, pag. 195 (*Thymus Serpyllum* L. var. *angustifolius* Koch syn.).

382. ***Calamintha*** *Acinos* Clairv. Durch das ganze Gebiet, wenn auch nicht so häufig wie die Vorige.

383. ***Clinopodium*** *vulgare* L. In Laubwäldern, Gebüschen zerstreut durch das Gebiet und meist vereinzelt.

384. ***Nepeta*** *Cataria* L. Kabbina (Hb. Czekanowsky!); Am Embach bei der hölzernen Brücke!; Jama, Ropkoy (Bienert).

† ***Dracocephalum*** *Ruyschiana* L. „Am Wege nach Timmofer 7 Werst von Dorpat, nahe bei der Strasse" Prof. German Verzeichniss des botan. Gartens. Ist neuerdings nicht gefunden worden.

385. ***Glechoma*** *hederacea* L.

386. ***Lamium*** *amplexicaule* L. Am Wege nach Ropkoy!; Aecker beim Forbushofschen Dorf (Bienert).

387. — *incisum* Willd. Jama (Hb. Kierulf!); Am Jägerschen Berge!; An Zäunen etc.; Techelfersche Vorstadt (Gruner!).

388. — *purpureum* L.

389. — *album* L.

390. ***Galeobdolon*** *luteum* Huds. In schattigen Laubwäldern häufig.

391. ***Galeopsis*** *Ladanum* L. Auf Aeckern bei Kabbina (Hehn!), Forbushof, Wahhi-Peter (Bienert).

392. — *Tetrahit* L.

393. *Galeopsis versicolor* Curt.
394. *Stachys sylvatica* L. In feuchten schattigen Laubwäldern häufig.
395. — *palustris* L.
† — *arvensis* L. Bei Weinmann, beruht wohl auf einem Irrthum.
396. *Betonica officinalis* L. und zwar *stricta* Rchb. Pl. crit. VIII, 954!. Auf Waldwiesen, an Waldrändern durch das ganze Gebiet häufig.
397. *Ballota nigra* L. *a)* foetida Koch syn. Bis jetzt nur auf Schutt am Embach bei der hölzernen Brücke!.
398. *Leonurus Cardiaca* L. Auf Schutt, an Zäunen in den Vorstädten.
399. *Prunella vulgaris* L.
400. *Scutellaria galericulata* L.

Lentibularieae.

401. *Pinguicula alpina* L. Auf der Embach-Niederung gleich ausserhalb der Stadt auf der Techelferschen Seite! (German 1806).
402. — *vulgaris* L.
403. *Utricularia vulgaris* L. Torfgruben bei Arro (Bge. fl. exs. 499!); Gräben bei Techelfer (Bienert); Im Salla-See (Bienert); Torfgruben bei Ropkoy!.
404. — *intermedia* Hayne. In Torfgruben, auf Moorwiesen an überschwemmten Stellen. Am Rande des Techelferschen Moosmorastes beim Nadelwäldchen!; Im Morast bei Sawikodda!; In Gräben auf der Embach-Niederung zwischen Techelfer und der Stadt!, so wie zwischen Quistenthal und der Stadt!; Ropkoy!.
405. — *minor* L. An ähnlichen Localitäten wie die Vorige und meist mit ihr zusammen.

Primulaceae.

406. *Trientalis europaea* L.
407. *Lysimachia thyrsiflora* L. An Gräben, auf Sümpfen an überschwemmten Stellen bei Ropkoy (Bge. fl. exs.), Ruhenthal (Lehmann), Quistenthal!, Pajo!, Laugo-Soo!.

408. **Lysimachia Nummularia** L. Am Uferwall des Embach durch das ganze Gebiet, an Gräben, in schattigem Gebüsch häufig.
409. — *vulgaris* L.
410. **Anagallis arvensis** L. In der Jamaschen Vorstadt (Kapp, in einem einzelnen Exemplare.
411. **Centunculus** *minimus* L. Auf Weideland (besonders auf alten Wegegeleisen) rechts am Wege nach Ilmazal etwa eine Werst vor dem links vom Wege gelegenen Dorfe Rahingo!.
412. **Androsace** *septentrionalis* L. Auf Aeckern und Ackerrändern bei Rathshof! (Hb. Czekanowsky), Jama (Bienert); Auf dem schwedischen Kirchhof!; Auf dem Dom (Hb. Duhmberg!).
413. **Primula** *farinosa* L.
414. — *officinalis* Jacq.
415. **Hottonia** *palustris* L. In Gräben, kleinen Bächen nicht selten. Pajo!; Techelfer!; Wahhi-Peter!; Timmofer!.

Plantagineae.

416. **Plantago** *major* L. c. v. *minima* DC.
  β) *bracteata* Mönch. Techelfer (Bienert).
417. — *media* L.
418. — *lanceolata* L. Seltener als die Vorigen.

Monochlamydeen.

Amarantaceae.

419. **Amarantus** *retroflexus* L. Hin und wieder vereinzelt. Auf Schutt bei der ehstnischen Kirche (Bienert, Kapp); Am linken Embachufer zwischen den Brücken!.

Chenopodeae.

420. **Chenopodium** *hybridum* L. Vereinzelt in einem Gemüsegarten (Lehmann).
† — *murale* L. Aussen an der Mauer des botan. Gartens! (Bunge). Wahrscheinlich im Garten früher cultivirt und verwildert.
421. — *album* L.

α) *spicatum* Koch (*Chenopodium album* L.).
β) *cymigerum* Koch (*Chenopodium viride* L.).

422. **Chenopodium polyspermum** L. α) *cymoso-racemosum* Koch (Hb. Kierulf!); Am Embach bei der hölzernen Brücke (Lehmann!); Gemüsegärten bei Arro (Bienert).

† *Blitum capitatum* L. Hin und wieder in Gärten verwildert (Lehmann, Bienert).

423. — *rubrum* (L.) Rchb. Häufig auf Schutt, an Zäunen und in Gärten der Vorstädte.

424. — *glaucum* (L.) Koch. Auf Ruderalplätzen der Vorstädte sehr gemein.

425. — *bonus Henricus* (L.) Meyer. Am Embachufer bei der hölzernen Brücke vereinzelt (Kapp, Bienert).

† *Atriplex hortensis* L. In Gemüsegärten hin und wieder cultivirt, hat sich von dorther weiter verbreitet. Auf der rechten Seite des Embach vom Beginn der Stadt bis zur hölzernen Brücke!; An Gräben in der Jamaschen Vorstadt!; In Gemüsegärten!.

426. — *patula* L.

427. — *hastata* L.
α) *vulgaris* Heugel (Fenzl in Led. fl. ross. III, 423). Ueberall in Gemüsegärten auf Schutt in den Vorstädten.
β) *oppositifolium* (*triangularis* Wallroth). An Wegen nach Bienert.

Polygoneae.

428. **Rumex maritimus** L. Am Ufer des Embach, so wie an Gräben in der Nähe desselben von Techelfer an durch die ganze Stadt!; Vereinzelt auch am Ufer des Flusses unter Annenhof! und Kabbina!.

429. — *obtusifolius* L. Häufig.

430. — *crispus* L.

431. — *domesticus* Hartm. Renningshof (Hb. Hehn!); Ropkoy (Bienert); Am Wege nach Wahhi-Peter, bei der Rathshofschen Scheune (Bienert); Rathshof an der Strasse!.

432. — *Hydrolapathum* Huds. An Gräben auf der Embach-Niederung bei Techelfer! und Ropkoy!; Am Ufer des Ardla-Sees!.

433. **Rumex maximus** Schreb. An Gräben bei den Ropkoyschen Torfgruben!; Zwischen Rathshof und Wahhi-Peter (Bienert).
434. — *aquaticus* L.
435. — *acetosella* L. Häufig auf Brachäckern.
436. — *acetosa* L.
437. **Polygonum** *Bistorta* L. Auf feuchten Wiesen häufig und massenhaft.
438. — *viviparum* L. Selten. Waldwiesen beim Dorfe Nutti (Bienert); Buschwiesen zwischen Rathshof und Jama!.
439. — *amphibium* L.
    α) *natans* Mönch. Im Embach!; Im Hakhofschen Bach bei Rahingo! und wohl auch sonst.
    β) *terrestre* Lecs. An alten verwachsenen Torfgruben bei Ropkoy! (Bruttan).
440. — *lapathifolium* L.
441. — *Persicaria* L. Nicht so häufig wie Voriges.
442. — *Hydropiper* L.
443. — *minus* Huds. Besonders auf hartgetretnen Waldwegen an Stellen, die im Frühjahr überschwemmt gewesen. Auch in feuchtem Gebüsch.
444. — *aviculare* L.
445. — *Convolvulus* L.

Thymeleae.

446. **Daphne** *Mezereum* L. In Laubwäldern bei Haselau (Bge. flor. exs. N. 888!); Ruhenthal (Lehmann!); Tücki!, Techelfer!; Am Salla-See!; Annenhof (Bienert).

Aristolochieae.

447. **Asarum** *europaeum* L. Häufig.

Empetreae.

448. **Empetrum** *nigrum* L. Hügel zwischen Lochkwa und Timmofer!; Nadelwald am Wege von Haselau nach Päkste. Nadelwäldchen bei Techelfer! etc.

Euphorbiaceae.

449. **Euphorbia** *Helioscopia* L. In Gärten.
450. — *Esula* L. Nüggen (Hb. Girgensohn!).

451. *Mercurialis* perennis L. In schattigen Laubwäldern und Gebüschen bei Ruhenthal (Hb. Duhmberg!), Annenhof!, Techelfer!.

Urticeae.

452. *Urtica* urens L.
453. — dioica L.
454. *Humulus* Lupulus L. In feuchtem Gebüsch nicht selten. Ruhenthal (Hb. Czekanowsky!); Rathshof!; Annenhof!; Revold!; Am Ammefluss zwischen Reino und Adra!.
455. *Ulmus* campestris L. Selten wild. Laubwälder zwischen Sawikodda und Pilken!.
456. — effusa Willd. In Laubwäldern häufig.

Cupuliferae.

457. *Quercus* pedunculata Ehrh. Zerstreut. Einzelne ansehnliche Bäume bei Wahhi-Peter! und Pichwa!; Strauchartig auf der Embach-Niederung unter Uellenorm!; Ein einzelner Strauch auf dem Gruswall bei Annenhof!.
458. *Corylus* Avellana L.

Salicineae.

459. *Salix* pentandra L. Strauchartig häufig auf Sumpfniederungen mit *S. nigricans* und *cinerea*. Bisweilen als hoher Baum. Häufig angepflanzt.

† — cuspidata Schultz. (*S. fragilis - pentandra* Wimmer Flora von Schlesien 1857.) Nach Ledebour fl. ross. III, 597. Neuerdings nicht beobachtet.

460. — fragilis L. Bei uns nur meist in Anpflanzungen[1]).

† — alba L. In Anpflanzungen häufig. Wird von Trautvetter (in Web. & Wied.) als bei Dorpat wild vorkommend angegeben, was ich, soweit das hier begrenzte Gebiet betrifft, entschieden bezweifeln muss.

461. — amygdalina L. Besonders an Flussufern strauchartig. Auf dem Uferwall des Embach durch das ganze Gebiet!; Am Ufer der Walgma unter Uellenorm!; Im Gebüsch beim schwedischen Kirchhof!.

---

1) Mit Sicherheit beobachtete ich die Pflanze in der Umgegend von Dorpat nur einmal wild und zwar ausserhalb unseres Gebietes bei Lalli unweit Kamby.

† ***Salix daphnoides*** Vill. Am Thunschen Berge im Morgensternschen Garten! und im Domgraben! angepflanzt.

† — *acutifolia* Willd. (*S. pruinosa* Wendland nach Wimmer Fl. v. Schlesien 1857.) Nach Schmidt am Peipus bei Rannapungern wild, findet sich häufig in Gärten der Vorstädte angepflanzt, kommt jedoch hier nicht wild vor. Ich habe hier nur 5 Exemplare gefunden.

† — *purpurea* L. Ein einzelner Strauch bei der Teufelsbrücke angepflanzt!.

† — *viminalis* L. In Anpflanzungen häufig!.

462. — *cinerea* L. Bildet mit der folgenden Art die Hauptmasse des Gebüsches auf den Niederungen.

463. — *nigricans* Fr.

464. — *Caprea* L. Zerstreut in Wäldern.

465. — *aurita* L.

466. — *livida* Wahlenberg (*S. depressa* L. Koch l. c.).

† — *phylicifolia* L. Fr. (*bicolor* Ehrh.) Nach Schmidt Flora des silur. Bodens bei „Dorpat", ist hier sonst von keinem Anderen beachtet worden und wohl ein Irrthum[1]).

467. — *myrtilloides* L. Moosmorast bei Techelfer! und Wahhi-Peter!; Embach-Niederung unter Lochkwa!; Am Wege nach Kabbina rechts vor dem Timmoferschen Abwege!.

468. — *rosmarinifolia* L. Ueberall häufig. Eine *Salix repens* L. (Trautvetter in Web. & Wied.) habe ich trotz aller Bemühungen nicht unterscheiden können (Vergl. Wimmer Flora von Schlesien, Breslau 1857, S. 193).

469. — *Lapponum* L. Auf Moosmorästen bei Techelfer!, Wahhi-Peter!, Timmofer!.

470. ***Populus tremula*** L. Häufig in Wäldern.

Betulineae.

471. ***Betula*** *alba* L. auct. (*B. verrucosa* Ehrh. Fr. Summ. veg. p. 211). Auf hochgelegenem trockenem Boden.

472. — *pubescens* Ehrh. Auf feuchterem Boden; Bei Dorpat im Vergleich zur Vorigen vorherrschend. Baumartig

---

1) Schmidt stützte sich (nach mündlichen Mittheilungen) auf das Hb. des Hrn. Dr. A. von Schrenk, wo sich jedoch die Pflanze nicht fand. Die Angabe beruht demnach wahrscheinlich auf einer Verwechselung mit einer andern Art.

bildet sie den grössten Theil unserer Birkenwälder; Strauchartig mit obengenannten Weiden den Hauptbestand des Gebüsches auf den Niederungen.

473. **Betula** *fruticosa* Pallas (Iter III, p. 752, t. Kk. f. 1, 2 u. 3!). Auf Moorwiesen. Häufig auf den Niederungen der Flüsse und Seen durch das ganze Gebiet.

474. — *nana* L. Selten. Auf Moorboden bei Wahhi - Peter!.

475. **Alnus** *incana* DC. In Wäldern, sowie häufig Gestrüppe bildend.

β) *pinnatifida* Wahlb. Vereinzelt bei Rathshof (Hb. Kierulf!).

476. — *glutinosa* Gärtner. Vereinzelt auf den Niederungen der Flüsse und in Laubwäldern.

Coniferae.

477. **Juniperus** *communis* L.

478. **Pinus** *sylvestris* L. Bildet die Nadelwäldchen bei Techelfer!, Ruhenthal!, Mollatz (am verwachsenen See), Römo!, Kabbina!, im Laugo-Soo! (verkrüppelt).

479. — *Abies* L. Bildet den Hauptbestand der Wälder zwischen Tücki, Forbushof und Kardla, so wie der Waldpartie am Salla-See und bei Rojasild, die Nadelwäldchen auf dem Kasakaschen Höhenzuge.

Monocotyledonen.
Hydrocharideae.

480. **Stratiotes** *aloides* L. In Teichen, Uferbuchten von Flüssen und Seen. Im Teiche bei Quistenthal!; Torfgruben bei Ropkoy!; Im Walgma-Fluss in der Nähe des Ausflusses aus dem Ardla-See in grosser Menge!; Kabbina!.

481. **Hydrocharis** *morsus Ranae* L. Mit der Vorigen und auch sonst nicht selten.

Alismaceae.

482. **Alisma** *Plantago* L.

† — *natans* L. Fl. & Lind. Ist ein Irrthum (Bienert nach Fleischers Hb.).

483. **Sagittaria** *sagittaefolia* L. Am Rande des Embach, durch das ganze Gebiet in grosser Menge!; im Walgma-Fluss!; Torfgruben bei Ropkoy! etc.!.

Butomeae.

484. ***Butomus** umbellatus* L. Am Rande des Embach und seiner Nebenflüsse!.

Juncagineae.

485. ***Scheuchzeria** palustris* L. Am Rande des Techelferschen Moosmorastes beim Nadelwäldchen!; Morast bei Pilken (Bienert); Auf dem verwachsenen See bei Mollatz!; Laugo-Soo!.
486. ***Triglochin** palustre* L.

Potameae.

487. ***Potamogeton** natans* L. Im Embach!; Walgma-Fluss! (in Menge); Timmoferschen Bach!.
488. — *rufescens* Schrad. Im Hakhofschen Bach beim Gesinde Lesta!; Im Bache bei Waunamois!; Im Salla-See (Bienert).
489. — *gramineus* L.
    α) *graminifolius* Fr. Haselau (Bienert!).
    β) *heterophyllus* Fr. Koch. Auf einer überschwemmten Stelle einer sumpfigen Wiese zwischen Kabbina und Timmofer!; Haselau (Bienert!).
490. — *lucens* L. In Flüssen und Seen!.
491. — *perfoliatus* L. Im Embach durch das Gebiet.
492. — *crispus* L. In Teichen bei Dorpat (Girgensohn in Bge. fl. exs. N. 733!); Im Teich bei Mollatz (Bienert!).
493. — *compressus* L. Fr. (*P. zosteraefolius* Schubm. Rchb. ic. fl. germ. fig. 308). In einer Uferbucht des Embach bei Kardla!; Torfgruben bei Ropkoy!; Im Hakhofschen Bache bei Hakhof!.
494. — *pusillus* L. In zwei Formen, die vielleicht als Arten zu trennen sind:
    α) *major* Fr. (*Pot. compressus* L. Rchb. l. c. fl. germ. Pot. f. 42) = *Pot. Friesii* Rupr. Diatr.) In alten Torfgruben bei Ropkoy!; Im Embach unter Techelfer!; Mollatz!.
    β) *vulgaris* Fr. Rchb. l. c. fig. 38!. Mit der Vorigen!; In stehenden Wassern bei Bischofshof (Bge. fl. exs. N. 735).
495. — *trichoides* Cham. (Rchb. l. c. f. 34). In alten Torfgruben bei Ropkoy!. An den Früchten von der Form

β) S. Vorige Art, leicht zu unterscheiden. Das angegebene Kennzeichen in den Blättern („foliis uninerviis") ist nicht constant.

496. **Potamogeton** *pectinatus* L. Im Embach häufig.

Lemnaceae.

497. **Lemna** *trisulca* L. Quistenthal!; Ropkoy!; Pajo!; Kabbina!. Nicht selten.
498. — *gibba* L. Im kleinen Teich beim Waldschlösschen (Bienert).
499. — *minor* L.
500. — *polyrrhiza* L. Nicht häufig. Kabbina!; In einem Teich in der Techelferschen Vorstadt!; Teich beim Waldschlösschen!.

Typhaceae.

501. **Typha** *angustifolia* L. Lunia im Embach! (Hb. Czekanowsky); Wassula im Amme-Fluss! (Hb. Jäsche); Am Ausfluss des Walgma aus dem Ardla-See!.
502. — *latifolia* L. Torfgruben bei Ropkoy! und Quistenthal!; Im Embach bei Lunia; Arro (Bienert); Im Amme-Fluss (Bienert).
503. **Sparganium** *ramosum* Huds. Gräben bei Ropkoy, Haselau (Bienert); Im Teich bei Marienhof!.
504. — *simplex* L. Gräben bei Techelfer, Wahhi-Peter (Bienert); Marienhof!.
505. — *natans* L. In Gräben auf überschwemmten Moorwiesen bei Quistenthal!, Techelfer!, am Salla-See!; Kabbina (Bienert) etc. Häufig.

Aroideae.

506. **Calla** *palustris* L. Am Walgma-Fluss!; Embach-Niederung unter Annenhof!; Haselau!; Hakhof!; Sawikodda!.
507. **Acorus** *Calamus* L. Am Embach!; Am Amme-Fluss!; Teich beim Kurre-Gesinde hinter Techelfer!; Nicht selten.

Orchideae.

508. **Orchis** *militaris* L. Zerstreut.
† — *Morio* L. Nach Weinmann, ist zweifelhaft.

509. ***Orchis** maculata* L.
510. — *incarnata* L. Fr. Zerstreut.
† — *latifolia* L. Fr. (*majalis* Rchb.) Von Weinmann angeführt, kommt nicht vor.
511. ***Gymnadenia** conopsea* (L.) R. Br. Zerstreut.
512. ***Platanthera** bifolia* (L.) Rich. Zerstreut durch das Gebiet. Pajo!; Sawikodda!; Römo! etc.
513. — *chlorantha* Custor. Häufig mit der Vorigen. Pajo!; Römo!; etc.
514. ***Ophrys** muscifera* Huds. Auf feuchten Waldwiesen (Fl. & Lind.). Ein Exemplar sah ich auch im Herb. des Hrn. Dr. Majewsky, welches in der näheren Umgebung Dorpats gesammelt war, ohne Angabe des Fundortes.
515. ***Herminium** Monorchis* (L.) R. Br. Auf feuchten Wiesen bei Rathshof und Jama (Bienert); Techelfer!; Embach-Niederungen unter Annenhof! und Ropkoy! (Bruttan).
516. ***Epipactis** latifolia* (L.) All. In einem Ellerngebüsch am östl. Abfall des Hawaschen Höhenzuges zum Ammethal zwischen Kopli und Wassula! (Lehmann). Sparsam.
517. — *palustris* (Scop.) Crantz. Auf sumpfigen Wiesen bei Rathshof!; Im Laugo-Soo!; Embach-Niederungen unter Techelfer!; Quistenthal (Bienert) und Annenhof!.
518. ***Listera** ovata* (L.) R. Br. Zerstreut und vereinzelt; Sonst nicht selten.
519. ***Neottia** Nidus avis* (L.) Rich. Im Gebüsch und im Wäldchen bei Annenhof!, Ruhenthal!.
† ***Goodyera** repens* R. Br. Nach Fl. & Lind., ist in dem hier begrenzten Gebiet noch zweifelhaft. Weiterhin bei Neukusthof (Bge. in Fl. & Lind. 55).
520. ***Corallorrhiza** innata* R. Br. Fl. & Lind. Rathshof (Bge.); Im Nadelwäldchen bei Techelfer in Gruben (Hahn!).
521. ***Microstylis** monophyllos* (L.) Lindl. Im Nadelwäldchen bei Kabbina an feuchten Stellen! (Lehmann); In alten bemoosten Torfgruben bei Ropkoy!; An beiden Stellen sparsam!.
522. ***Cypripedium** Calceolus* L. Zwischen dem Techelferschen Nadelwäldchen und Pajo (Duhmberg!, Jacobson); Zwischen Rathshof und Römo (Majewsky); Ruhenthal (Bienert); Forstei bei Tücki! Ueberall nur vereinzelt, soll in der Gegend von Marrama häufiger sein.

Irideae.

523. **Gladiolus** *imbricatus* L. In Gebüschen auf feuchten und sumpfigen Wiesen. Zwischen Rathshof und Jama (Hb. Czekanowsky!). Auf der Embach-Niederung bei Quistenthal (Hb. Kierulf!), so wie unter Lochkwa!; Am Fusse des Gruswalles bei Annenhof!; Am Wege nach Kabbina vor dem Birkenwalde!; Zwischen Kabbina und Timmofer (Hehn!).

524. **Iris** *Pseud-Acorus* L. An Flussufern und sonst auf Sumpfwiesen häufig, doch nicht so massenhaft wie die folgende Art.

525. — *sibirica* L. Auf feuchten Buschwiesen häufig und in Menge! (Bunge 1823).

Asparageae.

† **Asparagus** *officinalis* L. Bei der Sandgrube im Dom verwildert.

526. **Paris** *quadrifolia* L.

527. **Convallaria** *Polygonatum* L. Nicht häufig. Auf den Hügeln bei Forbushof (Lehmann); Annenhof, auf feuchten Wiesen in Gebüschen (Hb. Girgensohn!); Auf dem Gruswall bei Annenhof!.

528. — *multiflora* L. Ebenfalls nicht häufig. In Gebüschen zwischen Jama und Rathshof; Zwischen dem Techelferschen Nadelwalde und Pajo!; Im Wäldchen bei Annenhof.

529. — *majalis* L. In Gebüschen zwischen Rathshof und Jama!; Wahhi-Peter; Annenhof; Ruhenthal (Bienert); Gebüsch auf der Embach-Niederung unter Marrama!.

530. **Majanthemum** *bifolium* (L.) DC.

Liliaceae.

† **Tulipa** *sylvestris* L. Von Weinmann angeführt, ist zweifelhaft.

531. **Gagea** *minima* (L.) Schult. Auf Brachäckern nicht selten.

532. — *lutea* (L.) Schult. In Laubwäldern häufig.

533. **Allium** *oleraceum* L. (a) *angustifolium* Koch.) Sparsam auf der Niederung des Ammeflusses, zwischen den Gesinden Reino und Adra! in einem ziemlich trocknen Ellerngebüsch.

Colchicaceae.

534. *Tofieldia calyculata* Wahlb. Fl. & Lind. Nach Revisor Jacobson bei Rehhu.

Juncaceae.

535. *Juncus communis* E. Meyer (Led. fl. ross. IV, 221).
 α) *conglomeratus* (*J. conglomeratus* Koch). Auf feuchten Stellen, an Gräben.
 β) *effusus* (*J. effusus* Koch). Ebenso, jedoch mehr an schattigen Stellen.
536. — *filiformis* L. Nicht selten.
† — *glaucus* Ehrh. Nach Weinmann, ist zweifelhaft.
537. — *stygius* L. Im Laugo-Soo auf dem Winterwege zwischen Ilmazal und Ullila.
† — *acutiflorus* Ehrh. (*J. sylvaticus* Reich.) Nach Niederlau (Heugel im Correspondenzblatt des rig. Nat.-Ver., Jahrgang 5, p. 141), ist wohl ein Irrthum. Ein Bruchstück des betreffenden *Juncus* aus Niederlau's Herbarium erwies sich als zur folgenden Art gehörig (Bienert's Hb.!).
538. — *lamprocarpus* Ehrh.
539. — *alpinus* (= *J. fusco-ater* Schreb.). Durch das Gebiet, wenn auch nicht so häufig wie die Vorige. Techelfer!; Ropkoy!; Allika!; Ilmazal! etc.
† — *bulbosus* L. Bei Weinmann, ist wohl richtiger auf die folgende Art zu beziehen und nicht auf *J. supinus* Mönch (cf. Web. & Wied.), welche Art hier nicht beobachtet ist.
540. — *compressus* Jacq.
541. — *bufonius* L.
542. *Luzula pilosa* (L.) Willd.
543. — *campestris* (L.) DC. (E. Meyer in Led. fl. ross. IV, 219).
 α) *minor* (*L. campestris* Koch). Auf Weideland; So auf der Embach-Niederung unter Annenhof!.
 β) *multiflora* (*L. multiflora* Koch syn.). Besonders in schattigen Wäldern. Ist bei uns die häufigere Form.

Cyperaceae.

544. *Cyperus fuscus* L. Selten. Auf der Embach-Niederung unter Annenhof, auf dem Waldwege, der von dem Annen-

hofschen Wäldchen auf den Gruswall führt, in kleinen Einsenkungen auf schwarzer Moorerde! (Bienert); An ähnlichen Stellen auf dem Waldwege vom Gesinde Prosta nach Muddanek an mehreren Stellen!.

545. *Chaetospora ferruginea* (L.) Rchb. Auf der Niederung des Embach zwischen Techelfer und der Stadt an einem Graben! (Hb. Kierulf); Niederung des Ammeflusses zwischen Wassula und dem Reino-Gesinde!.

546. *Heleocharis palustris* (L.) R. Br.

547. — *uniglumis* Link. Selten. Am Bachufer hinter Jama (Hb. Girgensohn!); Weide hinter Jama (Bienert!).

548. — *acicularis* (L.) R. Br. Am Embachufer durch das Gebiet: unter Techelfer!, bei der Stadt!, Kabbina etc.

549. *Scirpus pauciflorus* Lightf. c. var. *campestris*. Häufig auf Sumpfwiesen der Niederungen der Flüsse, an Flussufern, auf Weideland, durch das Gebiet.

† — *parvulus* Roem. & Schult. Nach Fl. & Lind. Die Angabe beruht ohne Zweifel auf einem Irrthum (die Pflanze fehlt überall in den Nachbarfloren und findet sich in Schweden in Strandgegenden).

550. — *lacustris* L.

551. — *sylvaticus* L.

552. *Blysmus compressus* (L.) Panz. Embach-Niederungen bei Arro!, Annenhof! und Techelfer (Bienert).

553. *Eriophorum alpinum* L. Im Birkenwäldchen am Wege nach Timmofer, wo die Wege nach Kabbina und Timmofer sich theilen, rechts von letzterem gleich nach der Theilung, auf einer sumpfigen Stelle sparsam! (Hehn); Am See bei Nüggen!.

554. — *vaginatum* L.

555. — *latifolium* Hoppe. Auf feuchten Wiesen überall, wenn auch nicht in so grosser Menge wie das folgende.

556. — *angustifolium* Roth. Auf sumpfigen Wiesen gemein.

557. — *gracile* Koch. Auf schwammigem, wässrigem Moorboden, in Moosmorästen meist mit *Carex limosa* und *chordorrhiza* zusammen. Häufig. Zwischen Kabbina und Lochkwa!; Morast bei Pilken!; Techelfer zu beiden Seiten des Wäldchens; Im Laugo-Soo etc.

558. *Carex dioica* L. Auf schwammigen Morästen.

559. *Carex Davalliana* Smith. Auf Sumpfwiesen der Embach-Niederung; Bei Techelfer!, Ropkoy, Annenhof (Bienert); Terwand!.
560. — *pulicaris* L. Auf der Embach-Niederung unter Annenhof auf Weideland! (Bienert).
561. — *pauciflora* Lightf. Am Rande des Techelferschen Moosmorastes bei dem Gesinde Kulli! (Olbricht, Schmidt).
562. — *chordorrhiza* Ehrh. Auf schwammigen Sümpfen, Moosmorästen nicht selten. Quistenthal (Bienert); Am Salla-See!; Techelferschen Morast!; Pilken!; Morast um den Ardla-See! etc.
563. — *disticha* Huds. Renningshof (Hb. Hehn!); Wassula, Annenhof (Hb. Duhmberg!); Pajo!; Quistenthal, Ropkoy (Bienert); Embach-Niederung bei Techelfer!.
564. — *vulpina* L. (Schkuhr t. C. f. 10; *a* bei Koch). Zerstreut durch das Gebiet. Wassula (Hb. Duhmberg!); Rathshof (Bienert); Pajo!; Rachny!.
565. — *muricata* L. (*a*) *vulgaris* And. Cyper. p. 65). Auf Weideland, in trockenem Gebüsch. Wahhi-Peter!; Annenhof!; Lunia, Domsandgrube (Bienert).
566. — *teretiuscula* Good. Auf Sumpfwiesen überall!.
567. — *paradoxa* Willd. Ziemlich häufig. Ropkoy (Bge. fl. exs. N. 849!); Techelfer!; Annenhof, am Salla-See (Bienert); Pajo!.
568. —. *stellulata* Good. Auf feuchten Stellen, Moorwiesen. Mollatz (Bienert); Am Rande des Wassulaschen Waldes, am Salla-See!; Zwischen Kabbina und Lochkwa!; Im Nadelwäldchen bei Techelfer!.
569. — *leporina* L. Auf Weideland häufig.
570. — *elongata* L. c. v. Gebhardi Schk. Sehr häufig.
571. — *Heleonastes* Ehrh. And. Cyper., p. 62. Am schwammigem Sumpfboden am Westufer des Salla-See!; Am Rande des Techelferschen Morastes bei dem Gesinde Kalli!; In Sümpfen zwischen der Rigaschen und Werroschen Strasse (Lehmann).
572. — *canescens* L.
573. — *rititis* Fr. (Anders. Cyper., p. 58. Auf feuchtem Moor- und Haideboden, auf Hümpeln. Im Techelferschen Nadelwäldchen! (Bienert); Links am Wege nach Ilmazal, eine

Werst hinter Pajo!; In einem Birkenwäldchen bei Römo!; Auf Waldwiesen zwischen der Rigaschen und Werroschen Strasse!; Im Nadelwäldchen bei Wahhi-Peter!; Embach-Niederung unter Annenhof!. Nicht selten!.

574. ***Carex microstachya*** Ehrh. (Koch l. c. Anders. Cyper. p. 60.) Sehr selten. Am Südostrande des Wassulaschen Waldes am Salla-See (auf der Westseite des Sees) auf einem Hümpel in wenigen Exemplaren!; Auf dem sumpfigen Abfall des Embachthalufer zwischen Annenhof und Lochkwa! (nur an einer Stelle, aber in grösserer Menge).

Bei den meisten Exemplaren waren hier die Aehren bis auf die Endähre fehlgeschlagen und diese enthielt dann lauter männliche Blüthen.

575. — *stricta* Good. (Anders. Cyper. p. 42.) In Gräben und auf sumpfigen Wiesen.

576. — *caespitosa* L. Fr. (Anders. Cyper. p. 42 = *C. Drejeri* Lang. Koch syn.) Gemein auf sumpfigen Wiesen, freudig grüne Hümpel bildend.

577. — *acuta* L. (Anders. l. c. p. 44.) An Gräben und Flussufern häufig.

578. — *vulgaris* Fr. (Anders. l. c. p. 47.) Auf Sümpfen überall häufig und in den verschiedensten Formen.

579. — *Buxbaumii* Wahlenberg. Auf feuchten Wiesen bei Wahhi-Peter!, hinter dem Techelferschen Nadelwalde!; Pajo!; Quistenthal (Bienert).

580. — *limosa* L. Ueberall auf schwammigen Sümpfen!.

† — *irrigua* Smith. Habe ich hier nicht finden können.

581. — *pilulifera* L. Grabenrand hinter Rathshof (Bienert!).

† — *tomentosa* L. Heugel (nach Niederlau) im Correspondenzbl. d. Rig. Naturf.-Ver., 5. Jahrg., p. 133). Die Angabe beruht nach Bienert wahrscheinlich auf einer Verwechselung der Etiquetten.

582. — *ericetorum* Pollich. Auf Anhöhen.

583. — *praecox* Jacq. Mit der Vorigen auf dem Hügel zwischen Lochkwa und Timmofer!; Auf dem schwedischen Kirchhof!; Gruswall bei Annenhof! etc.

584. — *globularis* L. (Anders. Cyper., p. 80.) In feuchten Nadelwäldern, besonders auf alten verwitterten Baumstummeln. Im Techelferschen Nadelwäldchen!; Pajo!;

Im Nadelwäldchen unweit Römo!; Zwischen der Werroschen und Rigaschen Strasse!; Lunia!.

† *Carex humilis* Leyss. Von Bienert nach einem Exemplar! aus Fleischers Herb. angeführt, neuerdings jedoch nicht beobachtet. Ich stehe noch an die Pflanze aufzunehmen.

585. — *digitata* L. In schattigen Wäldern bei Umazal!; Pajo!; Wassula!.

586. — *ornithopoda* Willd. Embach-Niederung bei Techelfer und Annenhof!; Ropkoy (Bge. fl. exs. N. 869!); Am Rande des Wassulaschen Waldes am Salla-See! etc. nicht selten.

587. — *panicea* L. Gemein auf sumpfigen Wiesen.

588. — *vaginata* Tausch (*C. sparsiflora* Steudel Anders. Cyper., p. 33). In schattigen Wäldern, auch auf mässig feuchtem gutem Wiesenboden durch das Gebiet, wenn auch nicht so häufig wie Vorige.

589. — *glauca* Scop. Auf Buschwiesen am Grabenrande zwischen Rathshof und Jama!; Annenhof; Am Jamaschen Bache (Bienert).

β) *clavaeformis* Hoppe. Am Jamaschen Bache mit der Hauptform (Bienert).

590. — *pallescens* L. c. v. *undulata* Kunze (Anders. l. c.). Häufig.

591. — *capillaris* L. Nicht selten auf den Embach-Niederungen!; Buschwiesen zwischen Rathshof, Jama und Römo! etc.

592. — *flava* L.

β) *lepidocarpa* Tausch (Anders. Cyper., p. 42, Schk. t. H. f. 36).

593. — *Oederi* Ehrh.

β) *Oedocarpa* Anders. Cyper., p. 25. Moorwiesen bei Ropkoy! und Lochkwa!.

594. — *Hornschuchiana* Hoppe (Anders. Cyper., p. 23). Auf feuchten Wiesen. Embach-Niederung zwischen Techelfer und der Stadt! (Kierulf); Quistenthal (Bienert): Am Salla-See (Bienert); Buschwiesen zwischen Rathshof und Jama!; Niederung des Ammeflusses zwischen Wassula und Rojasild!.

595. ***Carex sylvatica*** Huds. In schattigen Laubwäldern bei Annenhof, Ropkoy (Hb. Duhmberg!), Wassula (Hb. Duhmberg!), Sawikodda!.
596. — *Pseudo-Cyperus* L. Techelfer (Bge. fl. exs. N. 885!); Torfgruben bei Ropkoy (Bienert); Am Hakhofschen Bach beim Gesinde Lesta an der Rigaschen Strasse!.
597. — *ampullacea* Good.
598. — *vesicaria* L.
599. — *paludosa* Good. Auf Moorwiesen an Gräben nicht selten, jedoch zerstreut.
600. — *riparia* Curt. Zerstreut und vereinzelt durch das Gebiet.
601. — *evoluta* Hartm. Heugel (nach Niederlau's Angabe) im Correspondenzbl. d. Nat.-Ver. zu Riga, 5. Jahrg., p. 117.
602. — *filiformis* L. Auf schwammigem Moorboden, Moosmorästen häufig, Wassula (Hb. Jäsche!); Techelfer!; Am Salla-See!; Sawikodda!; Zwischen Kabbina und Timmofer!.
603. — *hirta* L. An Grabenrändern, Teichen, besonders auf lehmigem Boden. Rathshof (Hb. Czekanowsky!); Jama!; Carlowa (Duhmberg!); Ruhenthal!; Quistenthal!; Techelfer!.

Gramineae.

604. ***Setaria viridis*** (L.) P. d. Beauv. Hügel zwischen Lochkwa und Timmofer am Wege nach Kabbina! (Hehn); Domsandgrube! (Bienert); In der Sandgrube bei Rojasild!.
605. ***Phalaris*** *arundinacea* L. An Flussufern, Gräben.
606. ***Hierochloa*** *odorata* Wahlenb. (*H. borealis* Roem. & Schult). Auf guten Wiesen.
607. ***Anthoxanthum*** *odoratum* L.
608. ***Alopecurus*** *pratensis* L. Auf dem Dom!.
† — *agrestis* L. Auf dem Dom angesäet (Bienert).
609. — *geniculatus* L.
610. — *fulvus* Smith. Sehr häufig.
611. ***Phleum*** *Böhmeri* Wibel. Am Abhang im Ressourcen-Garten! (Lehmann); Auf dem Dom bei der ehstnischen Kirche (Bienert).

612. **Phleum** *pratense* L.
: β) *nodosum* Wild. (Rchb. *Agrostogr.* f. 1484.) Auf mässig feuchten Wiesen mit sandigen Boden. Pajol.
613. **Agrostis** *stolonifera* L.
: β) *gigantea*.
: γ) *prorepens*. Auf schwarzer Moorerde, an alten Torfgräben. Ropkoy!; Annenhof! etc.
614. — *vulgaris* Withering. Auf Wiesen, an Wegen und Feldrändern, Sandflächen etc.
615. — *canina* L. Auf Wiesen, Moorboden, Sandflächen nicht selten.
616. **Apera** *spica venti* (L.) Beauv.
617. **Calamagrostis** *lanceolata* Roth. c. v. *Gaudiniana* Rchb. fl. exs!.
618. — *epigeios* (L.) Roth. c. var. *glauca* Rhb. (*Agrostogr.* f. 1451).
619. — *sylvatica* DC. Häufig.
: Hierher ist auch noch eine Varietät der *Calamagrostis sylvatica* zu ziehen, die mit derselben, wenn auch nicht so häufig vorkommt. Sie unterscheidet sich von der genannten *Calamagrostis* durch längere Haare, die die Länge der Spelze erreichen, und durch die kürzere, die Spelze nur wenig überragende Granne. Sie steht der *Calamagrostis Langsdorfii* Trin. am nächten. In Gebüschen auf feuchten Wiesen, schattigen Laubwäldern. Techelfer!; Tücki!; Ruhenthal!; Wald am Salla-See!.
620. — *stricta* Sprengel.
621. **Milium** *effusum* L. Im Wassulaschen Walde am Salla-See! (Lehmann); Im Walde beim Gute Wassula!.
622. **Phragmites** *communis* Trin. In grosser Menge im Walgma-Fluss bei seinem Austritt aus dem Ardla-See!.
623. **Sesleria** *caerulea* Arduin.
624. **Aira** *caespitosa* L. c. v. *pallida* Koch.
625. — *flexuosa* L. Im Walde am Salla-See (Bienert); Wälder um Forbushof (Gruner); Wie es scheint nicht häufig.

† *Arrhenatherum elatius* M. & Koch. Im Garten der öcon. Societät früher cultivirt, jetzt daselbst verwildert, so wie auch am Grabenrande ausserhalb des Gartens; Auf dem Dom angesäet.

† *Holcus lanatus* L. Auf dem Dom angesäet; Im Garten der öcon. Societät verwildert!.
626. *Avena strigosa* Schreb. Unter Flachs und Sommergetreide (besonders *Avena orientalis* Schreb. und *sativa* L.) auf Aeckern nicht selten.
† — *sterilis* L. Von Weinmann angeführt, gehört nicht zu unserer Flor, cf. Led. fl. ross.
† — *fatua* L. Nach Weinmann, ist neuerdings nicht gefunden.
627. — *pubescens* L.
628. — *pratensis* L.
629. — *flavescens* L. Auf Buschwiesen zwischen Mollatz und Taidla!; Auf der Niederung (Engafer-Niederung) zwischen den Höhenzügen von Hawa und Kassaka (am Rande des Nadelwäldchen, das sich von der Kassakaschen Höhe zwischen Lomby und Perna zum Rande der Niederung hinabzieht)!.
630. *Triodia decumbens* Beauv. Auf der Embach-Niederung unter Annenhof auf Weideland! (Bienert); Wiese hinter Techelfer; Haselau (Bienert).
631. *Melica nutans* L.
632. *Briza media* L.
633. *Poa annua* L.
634. — *nemoralis* L. In schattigen Laubwäldern bei Wassula!, am Salla-See!, Ruhenthal, Annenhof, Pajo, Haselau (Bienert), Römo!.
635. — *fertilis* Host. Häufig. In ausgezeichneter Form auf sonnigen Stellen auf dem Uferwall des Embach an mehreren Stellen (*P. effusa* Rchb. *Agrostogr.* f. 1646), so unter Forbushof!, Techelfer!, Jama!; Auf Niederungen in Gebüschen, meist mit dunkelgefärbten Aehrchen.
636. — *trivialis* L.
637. — *pratensis* L.
638. — *compressa* L. An Wegen, trockenen Stellen, auf Getreidefeldern.
639. *Glyceria spectabilis* M. & K. Am Ufer des Embach und seiner Nebenflüsse durch das ganze Gebiet.
640. — *fluitans* (L.) R. Br. Hieher ziehe ich auch:

β) *Glyceria plicata* Fr. Nasse Waldstellen bei Ruhenthal (Hb. Bienert!). An Gräben in den Vorstädten! und auch sonst wie es scheint nicht selten.

641. **Glyceria distans** Wahlenberg. Auf Weideland, an Wegen.. Auf der Embach-Niederung, am graden Wege nach Annenhof!; Uferwall des Embach bei Techelfer!; Ropkoy (Bienert).

642. **Catabrosa** *aquatica* (L.) Beauv. Jama, Techelfer (Hb. Girgensohn!); Gräben in der Techelferschen Vorstadt (Bienert); Gräben bei Annenhof am Rande des Wäldchens!.

643. **Molinia** *caerulea* Mönch.

644. **Dactylis** *glomerata* L.

645. **Cynosurus** *cristatus* L. Wiesen zwischen Rathshof und Römo (Majewsky); Wiesen jenseits des Techelferschen Morastes (Schmidt); Gebüsche bei Annenhof!; Zwischen der Stadt und Bischofshof!.

646. **Festuca** *ovina* L.

647. — *rubra* L. c. var. *villosa* Koch (*F. dumetorum* L.).

648. — *gigantea* (L.) Vill. In schattigen Laubwäldern bei Annenhof!, Wassula (Hb. Duhmberg!), Ruhenthal!, Rahingo!, Pichwa!, Tücki (Bienert).

649. — *borealis* Mert. & Koch. Von C. A. Meyer bei Lunia entdeckt (Bge. 1823). Am Rande des Embach und seiner Nebenflüsse (Walgma-Fluss!, Amme-Fluss!) durch das ganze Gebiet.

650. — *arundinacea* Schreb. In Gebüschen auf der Embach-Niederung bei Bischofshof! (Bruttan); Ropkoy!; An Gräben auf der Embach-Niederung zwischen Dorpat und Techelfer!.

651. — *elatior* L.

652. **Brachypodium** *sylvaticum* (Huds.) Röm. & Schult. Im Gebüsch bei Annenhof!.

653. — *pinnatum* (L.) Beauv. Zerstreut. Jama!; Annenhof!; Wohl durch das ganze Gebiet.

654. **Bromus** *secalinus* L.

† — *commutatus* L. Weinmann.

655. — *mollis* L. Wege bei Ropkoy, Ruhenthal, Techelfer (Bienert); Bei der rothen Mühle!.

656. **Bromus arvensis** L. Auf Aeckern unter dem Getreide häufig.
† — *asper* Host. Bei Weinmann. Zweifelhaft.
657. — *inermis* Leyss. An den Abhängen des Domes! (Bruttan); Am Ressourcen-Berge L.
† — *sterilis* Host. und *tectorum* L. Nach Weinmann, sind neuerdings nicht gefunden.
658. **Triticum** *repens* L.
659. — *caninum* Schreb. In schattigen Laubwäldern nicht selten durch das ganze Gebiet.
660. **Lolium** *perenne* L. Am Wege von Techelfer nach Marienhof! (Bienert, Kapp); Auf dem Dom angesäet.
661. — *temulentum* L. Auf Aeckern bei Techelfer unter Roggen (Bruttan! Hehn!).
662. — *linicola* Sonder. Unter Flachs durch das Gebiet.
663. **Nardus** *stricta* L. Auf Weideland, mässig feuchtem Haideboden, auf torfhaltigen Wiesen nicht selten. Embach-Niederungen bei Quistenthal, Annenhof (Bienert), Terwand!; Wahhi-Peter; Am Salla-See!; Pajo!; Tasa Andres (Bienert); Haselau etc.

Cryptogamae.

Equisetaceae.

664. **Equisetum** *arvense* L.
665. — *sylvaticum* L. Häufig.
666. — *palustre* L.
667. — *limosum* L.
668. — *hyemale* L. Selten. Hügel zwischen Lochkwa und Timmofer!; Am östlichen Abfall des Hawaschen Geröllrückens zum Ammethal zwischen Kopli und Wassula!.
669. — *variegatum* Schleich. Auf der Embach-Niederung unter Annenhof! (Bunge 1824).

Lycopodiaceae.

670. **Lycopodium** *Selago* L. Im Wassulaschen Walde am Salla-See (Girgensohn, Bunge).

671. **Lycopodium** *annotinum* L. In Nadelwäldern nicht selten.
672. — *clavatum* L. Im Nadelwäldchen bei Techelfer!; Wooremäggi!.

Filices.

673. **Botrychium** *Lunaria* Swartz. Gruswall bei Annenhof!; Auf dem schwedischen Kirchhof!.
674. — *rutaefolium* Al. Braun. Bis jetzt nur vereinzelt; Im Nadelwäldchen bei Kabbina (Lehmann!).
675. **Ophioglossum** *vulgatum* L. Wassula (Duhmberg im Hb. Girgensohn!); Wiesen zwischen Rathshof und Römo! (sparsam).
676. **Polypodium** *Phegopteris* L. Am Salla-See (Lehmann!).
677. — *Dryopteris* L. Häufig in Laubwäldern.
678. **Polystichum** *Thelypteris* (L.) Roth.
679. — *Filix mas.* (L.) Roth. Häufig in Laubwäldern.
680. — *cristatum* (L.) Roth. Nicht selten. Techelfer!; Wahhi-Peter! etc.
681. — *spinulosum* DC. Häufig.
682. **Asplenium** *Filix femina* (L.) Bernhardy. Häufig.
683. **Pteris** *aquilina* L. Häufig.
684. **Struthiopteris** *germanica* Willd. Bei dem Gesinde Kulli am Rande des Techelferschen Moosmorastes! (Lehmann).